"燕山大学优秀学术著作及教材"基金项目

硬科学语言学与心理意象的融合之旅

探索维克多·H.英格维的硬科学语言学理论与实践

赵一璠 潘 地 王林海◎著

燕山大学出版社
·秦皇岛·

图书在版编目（CIP）数据

硬科学语言学与心理意象的融合之旅：探索维克多·H.英格维的硬科学语言学理论与实践 / 赵一璠，潘地，王林海著． —秦皇岛：燕山大学出版社，2024.9

ISBN 978-7-5761-0623-7

Ⅰ.①硬… Ⅱ.①赵… ②潘… ③王… Ⅲ.①科学—语言学—研究 Ⅳ.①H0

中国国家版本馆 CIP 数据核字（2023）第 239038 号

硬科学语言学与心理意象的融合之旅
——探索维克多·H.英格维的硬科学语言学理论与实践
YINGKEXUE YUYANXUE YU XINLI YIXIANG DE RONGHE ZHI LÜ

赵一璠 潘 地 王林海 著

出 版 人：陈 玉	
责任编辑：张 蕊	
责任印制：吴 波	封面设计：刘馨泽
出版发行：燕山大学出版社 YANSHAN UNIVERSITY PRESS	电 话：0335-8387555
地 址：河北省秦皇岛市河北大街西段 438 号	邮政编码：066004
印 刷：廊坊市印艺阁数字科技有限公司	经 销：全国新华书店
开 本：787 mm×1092 mm 1/16	印 张：11.5
版 次：2024 年 9 月第 1 版	印 次：2024 年 9 月第 1 次印刷
书 号：ISBN 978-7-5761-0623-7	字 数：260 千字
定 价：56.00 元	

版权所有 侵权必究

如发生印刷、装订质量问题，读者可与出版社联系调换

联系电话：0335-8387718

  5.2 心理意象与并行感官输入的相关性 …………………………………… 120
  5.3 心理意象作为并行感官输入替代品的可行性 …………………… 124

第6章 关于硬科学语言学理论与心理意象结合的案例研究………… 132
  6.1 案例研究设计与方法 …………………………………………………… 132
  6.2 数据分析与结果解释 …………………………………………………… 139
  6.3 对硬科学语言学理论与心理意象关联的讨论 ………………… 141

第7章 硬科学语言学在语言教学中的应用研究………………………… 144
  7.1 硬科学语言学方法在语言教学中的应用 ……………………… 144
  7.2 语用学和认知语言学在语言教学中的应用 …………………… 147
  7.3 硬科学语言学在语言教学中的优势 ……………………………… 151

第8章 探索心理意象与硬科学语言学的前沿研究…………………… 155
  8.1 语言数据与心理意象模型的整合 ………………………………… 155
  8.2 心理意象与机器学习的交叉研究 ………………………………… 157
  8.3 心理意象与硬科学语言学的融合与展望 ……………………… 158

参考文献……………………………………………………………………………… 161

附录…………………………………………………………………………………… 171
  附录A ……………………………………………………………………………… 171
  附录B ……………………………………………………………………………… 173
  附录C ……………………………………………………………………………… 177

目　　录

第1章　语言学的起源与发展 ·· 1
　　1.1 语言学的起源与发展 ··· 1
　　1.2 影响英格维的语言学家及其理论 ································ 10
　　1.3 英格维的学术背景与影响 ·· 18

第2章　英格维的硬科学语言学理论 ······································ 33
　　2.1 硬科学语言学的定义及特点 ····································· 33
　　2.2 英格维的主要理论观点 ·· 35
　　2.3 语言学中的领域混淆与转向 ····································· 47

第3章　并行感官输入与硬科学语言学 ··································· 53
　　3.1 并行感官输入的定义和意义 ····································· 53
　　3.2 并行感官输入在语言学习和理解中的作用 ····················· 58
　　3.3 并行感官输入与硬科学语言学的关联 ·························· 62
　　3.4 并行感官输入与认知神经科学的交叉 ·························· 66

第4章　硬科学语言学与认知神经科学的交叉 ···························· 73
　　4.1 认知神经科学在语言研究中的应用 ····························· 73
　　4.2 硬科学语言学与认知神经科学的关联 ·························· 88
　　4.3 未来的研究方向和挑战 ·· 91

第5章　并行感官输入与心理意象的相关性 ······························ 100
　　5.1 心理意象的定义和功能 ·· 100

重点阐述英格维教授关于并行感官输入在词汇学习、语法习得和语言理解中的重要性的观点。我们将结合实证研究和案例来支持这些观点，并探讨并行感官输入与认知神经科学的关联与交叉。

第 4 章将深入探讨硬科学语言学与认知神经科学的交叉。我们将介绍认知神经科学在语言研究中的应用，并探讨它与硬科学语言学的关联。我们还将展望硬科学语言学与认知神经科学未来的研究方向和挑战。

第 5 章将深入研究并行感官输入与心理意象的相关性。我们将详细介绍心理意象的功能，讨论心理意象与并行感官输入的相关性，以及它们在语言加工中的互动方式。此外，我们还将探讨心理意象作为并行感官输入的替代品的可行性，并讨论其在语言学习中的潜在应用。通过这些内容的拓展，读者将更加全面地理解心理意象与并行感官输入之间的关系。

第 6 章将通过一个实证研究案例来探讨硬科学语言学理论和心理意象之间的关联。我们将详细介绍研究设计与方法，包括数据收集、实验操作和数据分析。我们将阐述研究结果并进行解释，对硬科学语言学理论与心理意象的关联进行讨论。通过对这个实证研究案例的深入分析，读者将对硬科学语言学和心理意象的关联有更深刻的理解。

第 7 章将重点关注硬科学语言学在语言教学中的应用，我们还将探讨硬科学语言学、语用学和认知语言学在语言教学中的应用，并阐述硬科学语言学在语言教学中的趋势。

第 8 章将探索心理意象与硬科学语言学的前沿研究，探讨语言数据与心理意象模型的整合、心理意象与机器学习的交叉研究以及心理意象与硬科学语言学的融合，揭示这个领域仍然有待深入研究的问题、展望未来的发展方向。

最后，提供了相关的参考文献，供读者进一步探索与研究。

希望本书能为语言学研究者、教育工作者以及对语言和人类认知感兴趣的读者提供启发，激发更多关于语言学与相关领域交叉研究的思考和创新。

前　言

在人类文明的进程中，语言无疑扮演了至关重要的角色。从语言学的起源与发展到语言与认知神经科学的交叉，语言学家们一直在探索语言的奥秘和其对人类认知的影响。本书旨在介绍硬科学语言学理论及其与并行感官输入、认知神经科学和心理意象之间的关系，为读者展示一个多学科融合的视角，使读者深入理解语言学的前沿研究和应用。

第 1 章将深入探讨语言学的起源与发展，阐述语言学在人类社会中的演变。我们将回顾语言学的历史，从古代的语言思想到现代语言学的发展，探索语言学如何从一个辅助学科逐渐发展成为独立的学科领域。我们将讨论不同学派的观点和理论，以及它们对语言学发展的影响。此外，我们将重点介绍语言学家维克多·H. 英格维（Victor H. Yngve）对语言学领域的贡献，以及他在理论和方法上的创新。我们还将介绍其他受到英格维影响的语言学家和他们的理论，包括诺姆·乔姆斯基（Noam Chomsky）、罗曼·雅各布森（Roman Jakobson）、罗杰·布朗（Roger Brown）和乔治·莱考夫（George Lakoff）。通过对英格维的学术背景和影响的探索，我们力求让读者对其有更全面的认识。

第 2 章将着重介绍英格维教授的硬科学语言学理论。我们将详细阐述硬科学语言学的定义及她特点，并深入探讨英格维的主要理论观点。这些观点包括语言的生成性能力、语法的普遍性与差异性以及语言习得的机制。我们将通过具体例子和实证研究来支持这些理论观点，并讨论语言学中的领域混淆与转向。

第 3 章将探讨并行感官输入与硬科学语言学的关系。我们将解释并行感官输入的概念，并详细讨论它在语言学习和理解中的作用。特别是，我们将

第 1 章　语言学的起源与发展

1.1 语言学的起源与发展

语言学作为一门研究语言的学科，扎根于人类对语言的好奇和需求。语言学通过研究语言的起源和发展，帮助我们理解人类语言的奥秘和多样性。

1.1.1 语言学的起源

对于语言的起源，尽管我们无法确切追溯到最早的语言形式和时间，但通过考古学、人类学和语言学的交叉研究，我们可以描绘出一幅关于语言起源的大致画卷，并对早期人类语言的形态和发展进行一些猜测和分析。通过这些学科的综合研究，我们能够更加接近早期人类语言的形态。本节将重点介绍这些学科在语言学发展中的贡献和相关研究成果。

1. 考古学对语言起源的思考

考古学通过对古代遗址的发掘和分析，为我们提供了关于早期人类社群生活的珍贵线索。早期的考古学家在岩洞壁画和古代文物中发现了一些与语言使用相关的符号和图像。这些发现表明早期人类可能尝试通过视觉表达来交流思想和意义。例如，岩洞壁画中出现的符号和图像表明早期人类可能以某种形式的符号系统来传递信息和沟通交流。此外，一些古代文物中的图案和刻画可能是早期人类试图通过图像来表达概念和讲述故事的初步尝试。这些考古学发现为我们提供了早期人类语言使用的线索，尽管具体的解读仍然存在困难。

2. 人类学对语言起源的观察

人类学研究通过观察现代原始社群和部落，为我们提供了对早期语言使用的直接观察。这些社群使用简单而有效的交流方式，包括口头语言、手势、面部表情和身体动作。他们使用不同的语言形式和非语言符号来表达思想和意义。例如，一些原始社群中的人们使用口哨语言或口头传统来进行远距离通信，这表明早期人类可能也通过特殊的声音方式来传递信息。此外，一些原始社群还使用特定的手势和面部表情来传达特定的意义，这表明早期人类可能通过非语言的符号系统来交流。这些人类学观察为我们提供了有关早期人类语言使用的模式和特征的重要线索，我们还需要注意将这些观察结果与考古学和语言学的研究成果相结合进行综合分析。

3. 语言学的研究方法和理论

语言学的发展为我们提供了一种用系统和理论的方式来探索语言起源的可能性。通过对现代语言的分析，语言学家揭示了语言的普遍规律和结构，并试图推测早期人类语言的形态和演变。他们通过对不同语言的音系、词汇和语法的比较研究，发现了一些普遍存在的语言规律和共性。例如，语言学家发现了音位系统的存在、语音变化的规则、词汇结构的模式和句法规则的普遍性。这些规律的存在提示我们，早期人类语言可能也具备类似的特征，尽管具体的形式和细节可能有所不同。通过语言学的研究方法和理论，我们能够推测早期人类语言的特征和发展情况，尽管这些推测仍然需要通过其他学科的研究结果进行验证和补充。

考古学的发现提供了关于早期人类语言使用的物质文化遗迹，人类学的观察揭示了语言的多样性和适应性，语言学的研究方法和理论帮助我们推测出早期人类语言的特征和发展情况。然而，对于语言起源的确切细节仍然存在许多争议和未解之谜，持续地激发着学者们的研究兴趣，并推动着我们对语言起源的探索。

1.1.2 语言学的发展

语言学作为一门学科，经历了漫长而丰富的发展历程。从早期人类对语言的好奇与探索开始，到现代语言学的多样化和专业化，语言学的发展蕴含着人类对语言本质认知的不断深化。我们将探讨语言学的重要里程碑和学派的兴起，以及这些发展如何为后来的研究奠定了基础。

1. 早期的语言学研究：人类对语言的探索

在人类历史的早期阶段，语言学的发展主要依赖人们对自己所使用语言的直观认知和经验。在没有现代科学方法和技术的情况下,早期的语言学家试图通过观察和分析语言的结构和功能来揭示其规律和特点。这些早期的思想家和学者对语言起源和结构提出了各种理论和假设,为后来的研究提供了启示。

人类早期对语言的探索始于我们对语言的本能需求。作为社交动物,人类需要一种有效的沟通工具来表达思想、感情和意图。早期的语言学家观察到不同语言在声音、词汇、语法和语义等方面的差异,并尝试通过比较和分类来了解这些差异的原因和规律。在早期的人类社会中,语言学的研究主要是通过口头传统进行的。语言学家会记录和研究当时使用的语言,包括语音、词汇和语法等方面的特征,并尝试系统地描述和分析语言的结构。

早期的语言学家也对语言起源和结构提出了各种理论和假设。其中一种常见的理论是拟声理论,即声音和意义之间存在一种固定的联系。这一理论主张语言中的声音形式与所表示的概念之间存在直接的对应关系。另一种理论是神圣起源理论,认为语言是由神灵所赋予的天赋能力,是与人类天性紧密相关的。

此外,早期的语言学家也关注语言的语法和结构。他们发现不同语言具有不同的句法规则和词序模式,从而推测出语言的结构可能与思维和认知有关。他也提出了一些关于语言结构和语法规则的理论,然而这些理论在当时没有得到系统阐述和整理。

2. 古希腊时期的语言学研究:语言学的奠基与影响

在古希腊时期,语言学开始成为一门独立的学科,并得到了系统的发展。古希腊的哲学家和语言学家,如柏拉图(Plato)、亚里士多德(Aristotle)和塔奥斯,对语言的本质和语义进行了深入的思考和讨论。他们的思想和观点对后来的语言学理论产生了深远的影响,为语言学的进一步发展奠定了基础。

柏拉图是古希腊语言学的重要奠基人之一。在《克拉底鲁篇》中,柏拉图提到了语言的形而上学问题。柏拉图认为语言是对现实世界的反映,是一种抽象的表达工具。他将语言的使用与哲学思维相结合,认为通过思维和理性的引导,语言可以帮助人类获得更多的真理和智慧。柏拉图的思想为后来的语言学研究提供了重要的思考方向，强调了语言与思维、意义和现实之间的关系。

亚里士多德是古希腊语言学的另一位重要代表。他对词汇和语法进行了深入的研究，并提出了一种系统的语言学方法。亚里士多德的语言学观点强调了语言的功能和结构，他将语言视为表达和传递思想的工具。他通过对词汇和语法规则的分析，探讨了词义和句法结构的原理，为后来的语言学研究提供了重要的方法论基础。亚里士多德的语言学思想对西方语言学产生了深远的影响，尤其在推动中世纪的语言学理论发展方面发挥了重要作用。

此外，古希腊的语言学家塔奥斯也为语言学的发展作出了贡献。他是早期语言学的系统化思考者之一，致力于对语言的起源、结构和发展进行研究。塔奥斯提出了一种音位理论，认为语言中的语音单元（音位）是构成词汇和语法的基本要素。他的音位理论为后来的语音学研究提供了重要的方法和观点。

古希腊时期的语言学思想家们的研究成果为后来的语言学理论奠定了基础。他们对语言的本质、语义和语法进行了深入的思考和探讨，提出了一些重要的概念和方法。这些思想家的观点在后来的语言学发展中得到了扩展和修正，成为现代语言学研究的重要参考。他们的贡献不仅在于开创了语言学作为一门独立学科的先河，也为后来的学者提供了丰富的研究素材和思路，推动了语言学的不断发展和演进。

3. 中世纪时期的语言学研究：拉丁语、语法分析和跨语言比较

在中世纪时期，语言学的发展进入一个新的阶段，主要集中在对拉丁语的研究和语法分析上。拉丁语作为当时的学术语言和教会语言，受到广泛关注，并成为许多学者和教育机构的研究对象。

在这一时期，一些重要的语法学家对词法和句法进行了深入研究和理论构建。其中，佩特鲁斯·拉莫纳（Petrus Ramus）和托马斯·阿奎纳斯（Thomas Aquinas）等学者对语法的基本原理进行了系统的阐述，并提出了一些关于语言结构和语法规则的理论。他们的成果为后来的语法研究奠定了基础，推动了语法学的进一步发展。

除了对拉丁语的研究，中世纪的语言学家还对不同语言之间的联系和

差异进行了探索，开启了跨语言比较研究的先河。这些学者对不同语言的词汇、语法和语音进行了系统的对比和分析，旨在揭示语言之间的共性和差异。他们的成果不仅扩大了语言学的研究范围，而且为后来的比较语言学和语言研究提供了启示。

中世纪时期的语言学研究不仅对学术界产生了影响，而且对教育界和文化界也产生了深远的影响。由于拉丁语在教会、学院和法庭中的重要地位，对其语法和用法的研究成为当时学习和教育的重点之一。此外，中世纪的语法学家还对拉丁语进行了标准化和规范化的尝试，使其成为一种统一的书面语言。这种规范化的尝试为后来现代语言学的规范化和标准化提供了参考和借鉴。

中世纪时期是语言学发展的一个重要阶段。在这一时期，语言学的研究集中在对拉丁语的分析和语法研究上，同时也涉及跨语言比较。中世纪的语言学家的贡献为后来的语言学理论和研究方法提供了重要的借鉴。尽管中世纪时期的语言学研究存在一些局限性，但它为后来语言学的发展奠定了基础，并推动了语言学研究的进一步发展。

4. 文艺复兴时期的语言学研究：古典文化研究、文字研究和跨语言比较

文艺复兴时期是语言学发展的一个重要阶段。在这一时期，人们对古典文化的重新热爱以及对文字和语言的研究推动了语言学的进一步发展，开辟了新的研究领域。在文艺复兴时期，人们对古代希腊和罗马的文化、文学和语言产生了浓厚的兴趣。这种对古典文化的热爱激发了人们对文字和语言的研究。语言学家开始对除了拉丁语之外的其他语言进行研究，包括古希腊语和现代欧洲语言。他们对这些语言的语法、词汇和语音进行了深入的分析和比较，旨在揭示语言之间的联系和共性。

意大利语言学家但丁（Dante）、西班牙语言学家比利牛斯（Antonio de Nebrija）和法国语言学家德雷福斯（Claude Dufresnoy）等人在文艺复兴时期对语言学的发展作出了重要贡献。但丁的《神曲》是一部文学巨著，其中涉及语言的使用和表达。他对拉丁语和意大利语的研究以及对古希腊语和希腊文学的了解，为跨语言比较和历史语言学的研究开辟了新的领域。比利牛斯则在文艺复兴时期的西班牙语言学研究中起到了重要作用。他撰写了西班牙语的第一本语法书,并提出了一些关于语法规则和用法的理论。他的成果为后来的西班牙语研究奠定了基础,也为跨语言比较研究提供了参考和借鉴。德雷福斯则是文艺复兴时期法国语言学的重要代表。他的研究涉及法语的语法和用法,并进行了一些与拉丁语和希腊语的比较研究。他的成果为后来的法语研究和跨语言比较提供了重要的参考和启示。这些语言学家在文艺复兴时期的成果为语言学的发展开辟了新的领域。他们的跨语言比较研究和历史语言学研究不仅拓展了语言学的范畴,还为后来的语言学理论和方法提供了重要的基础。他们的研究成果促进了不同语言之间的交流和对比,揭示了语言的普遍规律和差异,进一步丰富了语言学的知识和理论。

5. 18世纪和19世纪的语言学发展:从历史和比较转向现代语言结构和用法的描述及分析

18世纪和19世纪是语言学发展的重要时期,见证了语言学的进一步发展和巨大的变革。在这一时期,语言学家开始将研究的重点从历史和比较语言学转向描述和分析现代语言的结构和用法,并引入了新的理论和方法。这一转变推动了语言学的发展。

在这一时期,语言学家们开始扩大探索领域,包括语音学、语法学和语义学等,以更深入地理解语言的各个方面。他们对语音的研究涉及语音的产生、传播和感知等问题,旨在探索语音在语言中的作用和规律。语法学的研究关注语言的结构和组织,包括词汇、句法和语法规则等方面。而语义学的研究则探讨语言的意义和表达,涉及词义、句义和语用等方面的问题。这些不同领域的研究相互补充和支持,共同促进了语言学的进步。

威廉·冯·洪堡(Wilhelm von Humboldt)、弗朗茨·鲁茨(Franz Bopp)和弗里德里希·马克斯·穆勒(Friedrich Max Müller)等学者在18世纪和19世纪的语言学发展中扮演了重要角色。威廉·冯·洪堡是一位德国语言学家和哲学家,他对语言的结构和演化进行了深入的研究,并表明了语言形式和内在思维之间的密切关系。他的观点对后来的语言学理论产生了重要影响。弗朗茨·鲁茨是一位德国比较语言学家,他对印欧语系进行了广泛的比较研究,发现了不同语言之间的共性和变化规律。他的研究成果奠定了现代比较语言学的基础,为语言历史和语族关系的研究提供了重要的方法和理论支持。弗里德里希·马克斯·穆勒是一位英国语言学家和梵学家,他在语义学和语言哲学研究方面作出了重要贡献。他对语言的象征性和意义进行了深入研究,并提出了语言的综合理论。他的研究为后来的语义学和语言哲学奠定了基础,并对语言学的发展产生了深远影响。

这些学者拓展了语言学的研究领域,提出了新的理论和方法,加深了人们对语言结构和用法的理解。18世纪和19世纪的语言学发展为后来的语言学研究奠定了坚实的基础,为现代语言学的诸多分支和领域的发展筑牢了基石,推动了语言学的进一步发展。

6. 20世纪的语言学发展:多学派的兴起和跨学科的发展

20世纪是语言学发展的一个重要时期,语言学成为一门正式的学科。在这一时期,语言学经历了多个学派的兴起,新的理论为语言结构和使用提供了新的解释。结构主义、生成语法和认知语言学等学派的兴起,推动了语言学研究的多样化和深入化。

结构主义学派提出了语言结构的研究方法,强调语言单位之间的相互关系和整体结构的重要性。他们研究了音系、词汇和句法等语言层面的结构,并提出了一系列关于语言规则和语言系统的理论。结构主义对后来的语言学研究产生了深远的影响,尤其是在语言描述和比较方面。

生成语法学派关注语言的生成和推导过程,研究语法规则和句子的生成机制。他们提出了基于形式化规则和语法转换的理论,试图解释语言结构的生成和变化。生成语法为后来的语言学发展开辟了新的思路,并引入了计算机科学和人工智能等领域的方法和技术。

认知语言学派强调语言与思维之间的关系,研究语言对认知过程的影响和反映。他们关注语言的意义、语用和语言处理等方面,提出了一系列与认知过程相关的理论和模型。认知语言学的兴起丰富了对语言使用和理解的认识,将语言学与认知科学紧密联系在一起。

在这一时期,语言学的研究方法也得到了革新。计算机技术和语料库语言学的出现使语言学研究变得更加精确和全面。计算机在语言分析和语言处理方面的应用,为语言学研究提供了新的工具和手段。同时,语料库语言学的兴起使研究者可以基于大规模的语言数据进行定量分析和实证研究,从而深入了解语言现象的普遍性和变异性。

然而,随着时间的推移,结构主义学派也受到了一些批评,并面临新的挑战。在20世纪中叶,一些学者开始反思语言学的方法论和范式,并提出了新的理论和研究方法。其中,以维克多·H.英格维为代表的语言学家的研究和贡献,为语言学的发展提供了新的视角和思考方式。英格维提出了交际语用学和对话分析等概念,强调语言在交际过程中的功能和语境的重要性。

随着技术和科学的不断发展,现代语言学进入了一个多元化和跨学科的时代。语音学、语音分析、语料库语言学、心理语言学、社会语言学等不同领域和方法的相互交织,为语言学研究提供了更广阔的视角和研究范围。语音学研究语音的产生和感知机制。语音分析探索语音在语言中的结构和功能。语料库语言学借助大规模语料库数据,深入研究语言的使用情况和变化规律。心理语言学关注语言与认知的关系,研究语言的认知过程和心理机制。社会语言学研究语言与社会文化环境的相互关系。此外,新的研究领域和学科的兴起,如神经语言学和计算语言学,为语言学的进一步发展提供了新的方向和可能性。神经语言学结合神经科学和认知科学的研究方法,探索语言在大脑中的神经基础和神经机制。计算语言学借助计算机和人工智能技术,研究自然语言处理和语言模型的建立。

20世纪的语言学发展不仅丰富了人们对语言本身的认识,也深化了语言学与其他学科的交叉研究。语言学成为一门跨学科的学科,与认知科学、心理学、人类学、社会学、神经科学等学科紧密合作,推动了人类语言研究和应用的深入发展。

综上所述,语言学的发展经历了漫长而丰富的历史。从早期的直观认知到现代的科学研究,语言学在理论和方法上取得了巨大的进步。不同学派的兴起和不同领域的贡献为语言的本质和功能提供了多样化的解释。随着科技和跨学科研究的发展,语言学的未来将更加多元化,前景十分广阔。

1.1.3 英格维的贡献

英格维(1920—2012)是一位杰出的语言学家,他的成果对语言学的发展产生了深远的影响。英格维在语言学研究中主要关注语言的结构和句法分析,并致力于将语言学方法与硬科学的原则相结合。他的理论被称为"硬科学语言学理论",强调了语言学的可量化性和实证研究的重要性。

英格维的贡献之一是他对句子结构的研究。他提出了"深度结构"和"表层结构"的概念,将句子分为语义上的深层表示和句法上的表层表示。深度结构是句子内在的语义表达,而表层结构则是句子在语法形式上的呈现。这一概念为后来的生成语法和转换语法等理论奠定了基础,对于理解句子的生成和解释过程有着重要的启示作用。

在硬科学语言学领域,英格维采用了严格的实证方法,通过收集和分析大量语料库数据,进行统计学和计算机模拟研究。他致力于研究语言中的规律和统计性质,并尝试建立基于统计模型的语言描述和分析方法。他的成果推动了计算语言学的发展,并为自然语言处理和机器翻译等领域的研究提供了参考。

此外,英格维还对句子的结构和语序进行了深入研究。他提出了著名的"Yngve 定律",该定律探讨了句子中成分的线性顺序和句法结构之间的关系。这一定律在语言学和计算语言学领域具有重要意义,对于理解句子结构的生成和解析具有指导作用。

英格维的硬科学语言学理论在语言学界引起了广泛的关注和讨论。他的研究方法和观点为语言学领域带来了实证研究的新视角,并对后来的语言学理论和实践产生了深远的影响。他的研究促进了语言学与计算科学、认知科学等领域的交叉研究,为语言学的发展开辟了新的道路。

英格维是语言学领域的重要贡献者之一,他的硬科学语言学理论以实证研究和统计分析的方法,为语言学的演变和发展增添了新的活力。他的贡献是强调了语言的结构和句法分析在语言学研究中的重要性,为后来的研究者提供了启示和方法。英格维的研究成果不仅在学术界引起了广泛的关注和讨论,也为语言学的理论发展和实证研究提供了重要的参考,推动了语言学作为一门科学的发展进程。

在接下来的章节中,我们将进一步探讨其他语言学家的贡献,以及他们对语言学领域的影响。通过了解这些先驱者的成果,我们将更好地理解语言学的演变和发展过程。

1.2 影响英格维的语言学家及其理论

在语言学的历史发展中,许多杰出的学者和思想家对英格维的语言学研究产生了重要影响。他们的理论和观点启发了英格维,并为他的研究提供了指导和支持。本书将探讨一些对英格维产生深远影响的语言学家及其理论。

1.2.1 诺姆·乔姆斯基

诺姆·乔姆斯基是现代语言学的重要代表之一,他对语言结构和语法进行研究,开创了生成语法理论,其贡献不仅在于对语言学发展的推动方面,而且在对整个认知科学和人类思维的理解方面也有着深远的影响。乔姆斯基提出的"生成-转换"语法模型是他关于语言能力本质和结构的重要理论框架。这一模型旨在解释人类如何产生和理解语言,以及语言习得的机制和规律。

在"生成-转换"语法模型中,乔姆斯基将语言视为一种生成的过程,通过一系列的转换规则将基本的语言单位(例如词汇)组合成更复杂的结构(例如短语和句子)。这种生成过程是通过内在的语言能力实现的,每个人都天生具备这种能力,并能够通过语言输入和环境的互动来发展和运用。他强调语言能力的普遍性和内在性质,无论个体所使用的具体语言是什么,语言能力本身是人类共有的特征。这意味着人类在语言习得方面具备一种基本的认知能力和生物学结构,能够快速而有效地学会语言,并以相似的方式处理语言结构。

这一观点打破了传统语言学中的行为主义观点(行为主义者认为语言习得是通过刺激和反应的外部过程实现的),引发了语言学研究方向的重大转变。乔姆斯基的"生成-转换"模型将语言能力置于人类思维和认知的核心位置,强调了语言习得的内在机制和普遍规律。他的理论框架提供了一种全新的、解释语言能力和语言结构的方式。

乔姆斯基的生成语法理论对整个语言学领域产生了广泛而深远的影响,引发了人们对语言普遍性和语言习得机制的深入研究。通过研究不同语言之间的共性和差异,乔姆斯基推动了语言学的发展,提出了一系列重要概念和理论,如普遍语法、语言生成器和语言习得设备等。

乔姆斯基的生成语法和语言普遍性理论对英格维的研究成果产生了深远

的影响。受到乔姆斯基的启发，英格维开始思考语言结构的普遍性和生成规则的存在，这进一步激发了他对语言学的研究兴趣。他认识到语言是一个复杂的系统，具有一定的结构和规则。他深入思考乔姆斯基的生成语法理论，认识到语言的生成过程是由一系列规则和约束来驱动的。这种生成过程能够解释人类如何产生和理解语言表达，并揭示了语言的普遍规律和生成机制。

英格维将乔姆斯基的生成语法和语言普遍性理论引入自己的研究中，通过科学方法来探索语言的普遍规律和生成机制，从而为语言学研究提供了新的视角和方法。他运用生成语法的思想，将语言视为一种生成的过程，通过应用语法规则和约束来生成句子和短语。通过这种方法，英格维解释和分析了语言中的句法结构、语义关系和语用信息。其研究突破了传统的语言学观点，提供了一种结构化的方法来研究语言现象，在句法分析、语义研究和自然语言处理领域产生了深远的影响。通过应用生成语法和语言普遍性理论，能够更好地解释不同语言之间的共性和差异，并发现语言结构中的普遍规律。

英格维的研究成果为语言学领域带来了新的活力，促进了人们对语言结构和生成机制的深入理解。他的理论丰富了生成语法理论的应用领域，尤其在句法分析和自然语言处理方面作出了重要贡献。通过融合乔姆斯基的生成语法和语言普遍性理论，英格维的研究为我们提供了更全面、深入的语言学理论和实践，推动了语言学领域的发展和进步。

1.2.2 罗曼·雅各布森

罗曼·雅各布森是 20 世纪最重要的语言学家之一，他以广泛的研究领域和卓越的贡献在语言学和翻译学领域享有盛誉。他的研究跨越了语音学、句法学、语义学和修辞学等多个领域，他对语言学的发展具有独特而深入的洞察力。

在语音学领域，雅各布森提出了一套系统化的语音学分类方法，通过对语音单位的特征和相互关系进行研究，揭示了语音系统中的规律和模式，为语音学的理论研究和实践作出了重要的贡献。雅各布森的语音学分类方法以语音单位的不同特征为基础，例如音位学特征、音节结构特征、音系结构特征等。他通过对这些特征的分析和研究，系统地组织和划分了不同的语音单位，从而揭示了它们之间的关系和共性。这种分类方法使研究人员能够更准确地理解和描述语音系统中的各个组成部分，并推动了语音学理论的发展。

通过对语音单位的特征和相互关系的研究，雅各布森揭示了语音系统中的一些重要规律。他提出了许多关于音位学、音节结构和音系结构的理论观点，如对比原则、结构依存原则和标记原则等。这些原则和观点可以帮助研究人员深入理解语音单位之间的相互作用和语音系统的整体结构。雅各布森的研究还对语音学的发展和语音分析方法的改进产生了重要影响。他的分类方法和理论观点为语音学家提供了一种系统化的分析框架，可以帮助他们更准确地描述和解释语音现象。此外，他的研究还为语音分析方法的改进提供了启示，推动了语音学研究的方法论和技术的进步。

在句法学领域，雅各布森关注语言单位之间的关系和句法规则的运作，提出了许多重要概念，为句法分析和对句法结构的理解提供了新的思路和方法。其中，一个重要的概念是语法功能。雅各布森认识到语言单位在句子中扮演不同的角色，如主语、谓语、宾语等。他对语法功能进行了系统分类和分析，并探索了不同功能之间的关系和语法规则的运行方式。这些研究为句法分析奠定了基础，可以帮助研究人员更好地理解句子的结构和语法功能的作用。

此外，雅各布森还提出了语法关系的概念，即语言单位之间的关系和连接方式。他研究了不同语法关系的特征和规律，并探索了它们在句子中的作用和影响。他的研究为句法分析提供了新的视角，可以帮助研究人员更全面地理解句子的结构和组织方式。另一个重要的概念是语法标记，雅各布森认为语言单位在句子中可以通过语法标记来表达其功能和关系。他研究了不同语法标记的形式和用法，并分析了它们在句法结构中的作用和意义。

在语义学领域，雅各布森致力于研究语言单位的意义和语义关系，从而探索语义的多样性和语义规则的运行方式。他的研究为语义分析和语义解释提供了重要的理论依据。雅各布森对语义进行了系统化的分类，他通过分析和比较语言单位的意义，揭示了意义之间的相似性和差异性。同时，他关注语义单位之间的关系和连接方式，为语义分析提供了新的视角，帮助研究人员更全面地理解语义关联的特征和规律。

除了语义学，雅各布森还对修辞学进行了深入研究。修辞学关注语言的修辞特征和表达方式，以及语言中的隐喻和象征性特征。雅各布森探索了修辞手法和修辞规则，并将其应用于文学研究和文本分析中。他的研究揭示了语言表达的多样性和修辞效果的重要性，对文学研究和文本解读产生了深远的影响。

通过在语义学和修辞学领域的研究，雅各布森为语义分析、语义解释和文本分析提供了宝贵的理论依据。这些研究为英格维和其他语言学家提供了新的研究思路和方法，促进了语义学和修辞学的发展。

受到雅各布森的结构主义观点的启发，英格维开始思考语言结构的相互关系和语言单位之间的联系。他认识到语言不仅仅是一系列孤立的词汇和句子，而是一个有机的系统，各个层面是相互作用的。

英格维借鉴了雅各布森的思想，将结构主义的概念应用于自己的研究中，探索语言结构的多层次关系和组织方式。他通过研究语音和语法之间的联系，发现不同语言单位之间存在着相互依存的关系，揭示了语言单位在构建句子和表达意义时的相互作用。此外，英格维意识到语言不仅仅是传递信息的工具，它还具有表达情感、激发想象力和传递修辞意义的功能。他借鉴了雅各布森的修辞学理论，探索语言中的隐喻、象征和声音效果等修辞手法对语言交流的影响。通过研究修辞特征，英格维深化了对语言交流的理解，并将修辞学的观点应用于其语言学研究中，为语言学领域的发展作出了重要贡献。

1.2.3 罗杰·布朗

罗杰·布朗是备受赞誉的心理学家，他的研究对于理解语言发展和语言习得的心理过程产生了重要影响。他的研究领域广泛涵盖了儿童语言习得、语言发展的阶段性特征以及语言能力的心理机制等方面。

布朗的研究揭示了儿童在语言发展过程中经历的不同阶段。他观察到，儿童在最初的阶段通过对单词的掌握来建立起语言的基础。随着时间的推移，儿童将单词组合成简单的句子，逐渐掌握语法规则并表达更复杂的意思。他的研究表明，儿童的语言习得过程并非一蹴而就，而是经历了一系列的阶段性发展。此外，布朗观察到儿童在语言习得过程中遵循一定的顺序和模式。他发现，儿童往往在掌握语言的不同方面上有类似的顺序，即他们先学习一些基本的语言要素，然后逐渐掌握更复杂的语言结构和规则。例如，儿童可能先学会使用名词和动词，然后学习形容词和副词，最后掌握复杂的句子结构和语法规则。这些观察结果表明，儿童在语言习得过程中存在普遍的模式和发展规律。

这些发现对于语言学和心理学领域具有重要意义，可以帮助研究人员了解儿童语言习得的普遍过程，为儿童语言发展的评估和干预提供指导。这些发现还为理解人类语言能力的本质和语言习得的机制提供了新视角。布朗通过深入研究儿童语言习得，丰富了人们对语言发展的认识，为儿童语言教育和语言障碍治疗等实践领域提供了重要的理论基础。

布朗的研究还聚焦于语言能力的心理机制。他深入探讨了语言习得的认知和心理过程，为我们理解语言习得背后的认知机制奠定了重要的理论基础。布朗关注语言输入的处理过程，他研究了儿童如何接收和处理语言输入，包括对语音、词汇和句法的认知处理。他探索了儿童如何从周围的语言环境中抽取有用的信息，如何识别和区分不同的语音单位，以及如何通过语法和词汇知识来理解和表达意思。布朗通过研究儿童对语言输入的处理过程，帮助我们了解了语言习得的认知基础。

布朗的研究成果具有重要的实践意义。通过研究语言习得的认知和心理过程，我们可以开发出更有效的语言教育方法和干预策略，帮助儿童更好地习得语言和发展语言能力。此外，这些研究成果可以为语言障碍的诊断和治疗提供理论指导，帮助我们更好地理解语言障碍背后的认知和心理机制。他的研究丰富了我们对语言习得和语言能力的认识，为进一步研究和实践提供了有益的指导。

英格维对布朗的研究表现出了浓厚的兴趣，并将心理学的观点引入自己的语言学研究中，进一步探索语言与心理意象以及认知之间的密切关系。受到布朗研究的启发，英格维认识到语言习得是一个心理过程，其中涉及认知能力、心理意象和语言输入之间的复杂互动。英格维深入研究了语言对思维和认知的塑造作用，以及心理意象在语言产生和理解中的作用，从而揭示了语言习得和语言使用的心理机制。

英格维还探索了语言对思维和认知的塑造作用，他认识到语言是我们思维和表达的重要工具，它影响着我们的思维方式和认知过程。通过研究语言习得和语言使用的心理机制，英格维揭示了语言是如何塑造我们的思维模式从而帮助我们组织信息和理解世界的。他关注语言对思维的影响，研究如何通过语言表达概念、推理和解决问题。英格维的研究还特别关注了心理意象在语言产生和理解中的作用。心理意象指的是个体的心理倾向、意愿和目的，它在语言交流中起着重要的作用。英格维致力于探索语言使用者在语言交流中的意图和目标，以及他们如何通过语言来表达和实现这些意图。

在语言产生方面，英格维研究了个体如何根据自己的心理意象来选择和组织语言单位，以达到有效的沟通。他关注了语言使用者在表达意图时的思考过程，包括语言选择、句法结构和篇章组织等。他的研究揭示了语言产生的心理机制，即个体在思考自己的意图和目标时，通过选择适当的词汇和句法结构来表达自己的意思，并使其符合语言交流的要求。

在语言理解方面，英格维同样关注个体如何根据他人的心理意象来解读和理解语言表达，从而实现有效的交流和理解。他的研究揭示了个体在语言理解过程中是如何根据上下文、语境和非语言线索等，推断和解释对方的意图和目的的。

英格维的研究将心理意象的概念引入了语言学领域，探索了心理意象在语言产生和理解中的作用。他的成果不仅丰富了我们对语言习得和语言认知的理解，也深化了我们对语言交流的认识。通过研究心理意象和语言之间的关系，英格维为我们理解个体如何通过语言来表达意图、实现目标，并理解他人的意图和目的提供了重要的理论依据。这方面的研究也为语言学和心理学领域的相互借鉴和合作提供了新的视角和可能性。

为了更加全面地理解语言习得和语言使用的心理机制，英格维采用了跨学科的方法，将心理学的理论和实证研究方法应用于语言学的研究中。他结合认知心理学和发展心理学等领域的研究成果，来丰富和深化对语言习得和语言使用的心理机制的理解。认知心理学关注人类的思维和信息加工过程，涉及知觉、注意、记忆、思维和问题解决等方面。通过应用认知心理学的理论，英格维进一步探索了语言习得和语言使用中涉及的认知过程。他研究了语言输入的处理，语音、词汇和句法的认知加工，以及语言产生和理解的认知机制。

发展心理学关注个体在不同年龄阶段的心理发展和变化，特别是儿童的语言习得过程。通过应用发展心理学的理论，英格维研究了儿童语言习得的不同阶段和特征。他通过观察和记录儿童在语言发展过程中的行为和语言能力的变化，揭示了语言习得的关键节点和普遍规律。这些发现促进了人们对语言习得的心理机制的理解。

此外，英格维采用实证研究方法来支持他的理论探索。实证研究方法包括实验研究和观察研究，主要是通过收集和分析大量的数据来验证和支持研究假设。英格维设计了一系列的实验和观察研究，收集了来自不同年龄段的参与者的语言数据，并运用统计分析等方法进行数据处理。这些实证研究提供了客观的证据，加强了人们对心理机制理论的解释。

英格维的研究促进了语言学和心理学领域的相互借鉴和合作。他将心理学的观点融入语言学领域，将心理学的理论和实证研究方法应用于语言习得和语言认知的探索中。这种跨学科的交流和合作推动了语言学和心理学领域的共同发展，丰富了我们对语言发展和习得的理解。

1.2.4 乔治·莱考夫

乔治·莱考夫是一位备受赞誉的认知语言学家，他在研究语言与思维之间的关系方面作出了重要的贡献。他的研究主要集中在概念隐喻理论上，该理论认为语言中的隐喻表达方式不仅仅是一种修辞手法，更重要的是反映了人类思维和认知的本质。概念隐喻理论的核心观点是，我们通过将一个概念映射到另一个概念上的隐喻来理解和表达复杂的概念。这种隐喻是人类思维的基本机制，是我们理解世界的一种方式，影响了我们的思考、语言和行为。隐喻在语言中扮演着重要角色，帮助我们理解抽象概念。它通过将抽象概念映射到我们已有的感知和经验中的具体概念上，使其更具体、更易于理解。举例来说，我们常常使用"时间是金钱"的隐喻来表示时间的宝贵和需要有效地管理时间。

莱考夫的研究揭示了语言中隐喻的多样性和广泛应用性，他发现隐喻不仅存在于修辞表达中，还贯穿于我们日常的思维过程中。通过隐喻，我们能够将抽象的概念映射到更具体、更容易理解的概念上，从而更好地理解和表达自己的思想。这一理论的重要意义在于它揭示了人类思维和语言之间的紧密联系。我们通过使用语言来表达和交流思想，而思想又在很大程度上受到语言的影响。因此，通过研究语言中的隐喻，我们能够更好地理解人类思维和认知的运行方式。莱考夫的研究对于多个学科领域具有重要意义，包括语言学、认知科学、心理学和哲学等。他的理论提供了一种框架，用于解释语言和思维之间的关系，并有助于其他学者进行深入研究。

此外，莱考夫的研究不仅在学术界产生了重要影响，而且在日常生活中也产生了实际影响。他的研究揭示了语言在我们对世界的理解和行为选择方面的深远影响，引发了人们对语言使用的重要性的思考。首先，莱考夫的研究揭示了语言中的隐喻表达方式如何影响我们对世界的理解。我们使用隐喻来将抽象概念映射到具体概念上，以便更好地理解和表达。这意味着我们不仅可以用语言简单地描述事物，而且可以通过隐喻将我们对事物的看法和经验表达出来。因此，语言的使用方式会影响我们对事物的看法、态度和价值观。其次，莱考夫的研究提醒我们，语言不仅是表达思想的工具，而且可以塑造我们的思维方式。语言中的隐喻让我们形成了对于世界的认知模式和框架。这些模式和框架会影响我们的思考方式、决策和行为选择。

莱考夫的研究还使我们能够更加敏锐地理解他人的语言和观点。当我们掌握语言中的隐喻表达方式，就能够深入理解他人思想背后的含义和潜在的假设。这有助于增进沟通和理解他人的观点，避免误解和冲突。同时，我们也能通过选择恰当的隐喻来更好地传达我们的观点和意图。通过深入研究概念隐喻和语言的关系，我们能够更好地理解人类思维的结构和运行方式。这对于语言学、心理学以及其他相关学科的发展具有重要意义。同时，莱考夫的研究也促进了跨学科领域的合作和交流，丰富了语言与思维之间关系的理论框架和实证研究方法。

英格维受到莱考夫的启发，将概念隐喻理论和语言在思维塑造中的作用引入自己的研究中。英格维的研究关注语言如何通过隐喻来表达和塑造思维过程。他关注隐喻的使用在语言习得和语言使用过程中的作用,并研究了隐喻在不同语言单位(如词汇、短语和句子)中的应用方式。英格维的研究与莱考夫的概念隐喻理论相呼应,两者在认知语言学领域的研究上产生了共鸣。通过借鉴莱考夫的理论和观点,英格维更加明确了语言如何通过隐喻来塑造思维,以及隐喻在语言习得和语言使用中的重要性。

莱考夫的概念隐喻理论对英格维的研究产生了深远的影响,鼓励他进一步探索语言中隐喻的作用及其塑造思维的过程。英格维通过实证研究揭示了隐喻在语言习得和使用过程中的普遍存在,并且发现隐喻的使用方式因不同语言单位而异。

通过英格维的研究,我们认识到隐喻在日常语言中的广泛应用。隐喻的使用方式在不同语言单位中展现出多样性,从单词到短语,再到句子,隐喻的运用方式都有所不同。这表明语言习得者在掌握隐喻的使用时需要经历不同的阶段和学习过程。这对于语言教育、跨文化交流以及认知科学的发展都具有重要意义。

这种对莱考夫理论的借鉴和应用,使英格维的研究在探索语言和思维之间的关系方面更加全面和深入。通过整合概念隐喻理论和自身的语言学研究,英格维为我们理解语言与思维之间的复杂关系提供了新的视角和理论依据。他的研究成果不仅丰富了我们对语言习得和语言使用的认知过程的理解,也促进了跨学科领域的合作和交流。这种合作为我们进一步探索语言和思维之间的关系打开了新的大门,也丰富了认知语言学的理论框架。

1.3 英格维的学术背景与影响

1.3.1 学术背景

英格维在斯坦福大学获得了学士学位,并在芝加哥大学获得了博士学位。在斯坦福大学学习期间,英格维展现出对语言结构和语言习得过程的浓厚兴趣。他深入研究了语言的基本原理,包括语音、语法和语义等方面。通过系统学习语言学的核心概念和理论,他具备了对语言现象的敏感性和分析能力。随后,英格维进入芝加哥大学继续深造,在这一阶段,他进一步扩展了对语言学的研究兴趣,并加深了对语言结构和语言习得过程的理解,积极参与了多个语言学项目和研究，与其他学者共同探索语言的本质和功能。

1950年至1953年，在芝加哥大学攻读宇宙射线物理学的英格维提出了一种利用新近发明的计算机来进行语言翻译的想法。他构思了一种基于简单的字典查询的翻译机。那时，他对于沃伦·韦弗（Warren Weaver）和其他人有关机器翻译的早先的猜测一无所知。1952年年初，他访问了贝尔电话实验室，那里的克劳德·香农（Claude Shannon）向他介绍了即将在麻省理工学院举行的一场关于机器翻译的会议，会议定于当年6月举行。英格维参加了会议的开幕式，并参与了会议的讨论。之后，在巴尔－希勒尔（Bar-Hillel）离开麻省理工学院后，英格维于1953年7月被电子研究实验室（Research Laboratory for Electronics，RLE）的杰罗姆·维斯纳（Jerome Wiesner）任命为机器翻译（machine translation，MT）研究的负责人（Hutchins，461）。

与当时的许多人一样，英格维对1954年1月份乔治敦大学和IBM机器翻译演示系统实验的过早宣传表示不满，他对这样一个范围有限的研究被报纸大肆报道而感到震惊。英格维的物理学背景使他认为正规的实验必须经过精心规划，假设必须明确，并且需要由其他研究人员进行适当的测试和审查。因此，他决心要使机器翻译领域朝一个正确的、科学的方向发展。英格维的第一步就是创建了一个名为《机械翻译》的期刊。他在麻省理工学院现代语言系中找到了期刊的合作伙伴威廉·N. 洛克。创建期刊的目的是提供一个平台，以摘要的形式发布有关正在进行的研究的信息，然后发表同行评审的文章。《机械翻译》第一期于1954年3月出版（Hutchins，461）。

英格维于1953年10月在麻省理工学院进行的首次实验是对他早期有关逐字翻译的想法的实现。德语翻译的结果发表在W. N. Locke和A. D. Booth所编辑的文集中（Yngve，1955）。其中一个输出的例子如下所示：

Die CONVINCINGe CRITIQUE des CLASSICALen IDEA-OF-PROBABILITY IS eine der

EMARKABLEen WORKS des AUTHORs. Er HAS BOTHenLAWe der GREATenNUMBEReneinDOUBLEes TO SHOWen: (1) wiesie IN seinem SYSTEM TO INTERPRETen ARE, (2) THAT sie THROUGH THISe INTERPRETATION NOT den CHARACTER von NOT-TRIVIALen

DEMONSTRABLE PROPOSITIONenLOSen…（Hutchins，461）

显而易见，输出结果很差，但对于具有一些德语语法知识基础的科学家来说，似乎已经足够让他们阅读并提取其中的相关信息了。英格维得出结论，逐字翻译可以作为第一个近似结果，但存在一个主要问题：许多词在缺少上下文背景的情况下具有多个意思（Hutchins，462）。

埃尔温·赖夫勒（Erwin Reifler）提出了在翻译之前使用预编辑器对文本进行注释的建议；而维克托·奥斯瓦尔德（Victor Oswald）则提出使用微型词汇表（仅限于一个特定领域的字典）以减少多义词的数量。但是，英格维相信多义词的问题可以通过句法分析来解决。尽管如此，他却对巴-希勒尔在1952年会议上提出的"操作性语法"（后来称为范畴语法）持保留态度，认为其对于长句的分析太过复杂，与传统的语法区分相距太远。他对布龙菲尔德（Bloomfield）和费斯（Fries）的研究内容印象深刻，并确信语言学也可以提供类似于宇宙射线物理学程序那样稳定和可重复的方法。因此，在接下来的几年里，他任命了一些语言学家加入RLE团队。首先是在1955年聘请了乔姆斯基，以进行基础研究。然而，令他失望的是，他雇佣的大多数语言学家对追求他们自己的理论研究更感兴趣，而不是解决机器翻译的实际问题（Hutchins，462）。

英格维的句法分析法首先要识别和隔离单词可能具有的不同语法功能。其目的是建立互不重叠的词类（即一个词类用于名词功能，另一个词类用于动词功能，以此类推）。该方法是通过建立替代框架来隔离上下文。因此，"walk"可以出现在下列框架中：

（1）The ____ was enjoyable.

或出现在下列框架中：

（2）They ____ home every day.

从语料库中提取单词，并在每个框架中进行测试，可以得到一个由不同上下文（替代框架）和出现在这些上下文中的单词组成的矩阵。这些单词形成一个词类，它们的框架形成上下文类。因此，每个单词类的句子序列将确定一个唯一的上下文类序列。一种算法随即被提出，该算法从左到右搜索与单词类序列的最长匹配。单词类序列形成短语和从句，因此该算法还能够寻找短语序列。在此基础上，设计和实施了一种表驱动的句法分析算法。这是第一次在机器翻译中展示了将描述性语言信息（在本例中为单词和上下文）和语言无关的算法程序（搜索和匹配）分离的重要性和实用价值。这种做法被机器翻译和计算语言学中的其他团体广泛采用（Hutchins，462）。

  与此同时，在RLE对编码和交换理论以及香农的信息论进行研究期间，英格维决定研究语言的纠错特性。字母和单词的序列并不是随机的，而是受到指定合法序列的编码限制。检测文本是否存在与随机性偏离的情况有助于揭示其结构。先要确定给定频繁出现单词的所有出现位置，并通过将它们的出现频率与随机情况下的预期频率进行比较，确定其对邻近其他频繁出现单词的影响。为了进行这一被称为"间隙分析"的研究，英格维在一个只包含9 490个单词的语料库中进行了计算实验。首先，确定了最常出现的单词：the（599次）、to（252次）、of（241次）、a（221次）、and（207次）以及in（162次）。然后，确定了这些单词之间的间隙（以中间单词的数量表示）。例如，在of和the之间的间隙为1个词（the ____ of）、2个词（the ____ ____ of）、3个词（the ____ ____ ____ of），以此类推，其出现次数分别为72次、31次和6次。这些结果表明了对带有of和the的结构存在句法约束。进一步的结果表明，"带有the的结构通常有2个或3个词，而带有and的结构通常至少涉及15个词"。类似的观察还包括"of与to的不同之处在于它经常在a或the之后跟随2个或2个间隙"等。这个过程现在在基于统计的计算语言学中已经变得很常见。英格维是一个先驱者，然而不幸的是，在当时，由于缺乏足够大规模的可机读语料库，无法对这些令人鼓舞的结果进行深入研究（Hutchins，462-463）。

  编码理论和语言学之间的相似性揭示了机器翻译的两个阶段的模型，即发话者对信息进行编码，然后由接收者解码（Yngve，1955a）。在编码和解码之间，需要有某种被保留在翻译中的"信息"的表示形式。进一步思考可以发现，输入的结构表示与输出所需的结构表示并不相同。因此，注意力集中在过渡阶段。麻省理工学院的团队认识到需要一个三阶段模型：句法分析、结构转换和综合——这在随后的许多基于转换的机器翻译系统中成为一种模型。然而，在此时，英格维的模型纯粹是句法的，并未试图包含语义信息（Yngve，1957）。

在转换模型发展的同时，英格维和他的同事们着手解决了语言学家在机器翻译研究中如何提高效率的问题。他们认为所需要的是一个语言学家都可以接受并熟悉的符号的编程系统，而不是针对数学家和商业应用设计的FORTRAN（formula translator，公式翻译器）和COBOL（common business-oriented language，面向商业的通用语言）等系统。因此，他们与麻省理工学院计算中心合作，设计开发了第一个专门用于字符串处理和模式匹配的编程语言COMIT（compiler massachusetts institute of technology）语言（Yngve，1961a；Yngve，1967）。这个语言在1957年末进行测试，比为语言学应用设计的另一种编程语言LISP提前了两年。后来，COMIT语言成为SNOBOL（string oriented oymbolic language）的基础（Hutchins，463）。

基于COMIT的可用性，麻省理工学院的研究小组能够在句子生成算法的开发中进一步推进三阶段模型。最初，乔姆斯基的生成语法似乎是一个理想的模型。然而，在机器翻译中所需要的不是从给定源语言生成所有的语法句子，而是在特定上下文中生成可明确定义的特定句子。研究人员在1959年用COMIT编写了一个从简单的儿童故事中推导出的语法规则，并在随机句子生成程序中进行了测试（Yngve，1961b）。它的主要目标是测试语法规则的有效性，特别是针对不连续结构和协同关系的规则（Hutchins，463）。

在使用COMIT对句子生成算法进行编程的过程中，其中一个结果是"深度假设"（depth hypothesis），这也是英格维在语言学和计算语言学领域最为人所知的成果之一（Yngve，1960a）。由于转换方法需要太多的存储空间，因此这种方法已经被摒弃。接下来的问题是，不连续（左向分支）扩展和常规（右向分支）扩展需要多少存储空间。显然，右向扩展（或"顺进"应用）有可能是潜在无限的：the dog that worried the cat that killed the rat that ate the malt（担心猫的狗杀死了吃麦芽的老鼠）。左向扩展（或"逆进"应用）是有限的：the malt that the rat that the cat that the dog worried killed ate（狗担心的猫杀死的老鼠吃的麦芽）。英格维计算了生成一个句子所需的额外临时内存的最大量（即任意时刻未扩展的成分数量/深度）。他发现，在实践中，即使是非常长的句子也很少超过2个或3个的数量/深度。数量/深度超过3

的句子，如"逆进"结构，通常被认为是不符合语法和/或难以理解的。英格维注意到这种语言特征与米勒（Miller，1956）确定的即时记忆和处理限制之间的关系。大多数语言都包括限制"逆进"结构深度的机制，如复合词（Hutchins，463-464）。

"深度假设"解释和预测了英语的许多句法特征，包括其历史变化，并且似乎也解释了其他语言中的许多特征。然而，英格维意识到它起源于机器翻译研究而不是语言学理论。它是一个需要通过实证证据进行测试的假设。从一开始，人们就广泛认识到它对语言学的重要性，但它并不符合乔姆斯基理论的先入之见。尽管乔姆斯基倡导对理论进行严格陈述，并在语言材料上严格应用，不进行临时调整（Chomsky，1957），但他将深度假设视为一种可测试的科学假设，而不是一个语言学理论。对于英格维来说，这种态度是不科学的（Hutchins，464）。

在麻省理工学院期间，英格维强调了对"基本的、长远的翻译方法"的需求，而不是寻找"可能在早期阶段产生部分合适的翻译的捷径方法"（Yngve，1960）。因此，麻省理工学院并没有出现可作为最终成果的机器翻译系统，但其研究质量是无可争议的。除了英格维在句法分析的多方面（三阶段转换模型、深度假设以及计算机编程）的贡献，他的同事们在各个领域也作出了重要贡献：语法理论（Gilbert Harman 和 Kenneth Knowlton）、语义学（Elinor Charney）、逻辑和语言（Jared Darlington）、转换和中间语（Edward Klima）、计算机存储（William S. Cooper）、阿拉伯语翻译（Arnold Satterthwait）和法语翻译（David Dinneen）（Hutchins，464）。

到了 1964 年，英格维得出了一个结论："机械翻译的成果已经遇到了我们所称的语义壁垒……只有当机器能够'理解'它正在翻译的内容时，我们才能得到令人满意的机械翻译，而这将是一个非常困难的任务。"（Yngve，1964）这里的"理解"涉及人们在理解交流中所基于的背景知识。他认为语言学无法提供解决方案。多年来，英格维对语言学科的状况以及普遍意义上高质量机器翻译的可行性越来越怀疑。到了 1965 年，对 MIT 研究团队的资助停止，这可能是因为预料到了语言自动处理咨询委员会（Automatic Language Processing Advisory Committee，ALPAC）报告的影响，该报告对美国所有相关研究团队的资金都产生了重大影响。同年，英格维回到了芝加哥大学，担任图书馆学、语言学和行为科学系的系主任（Hutchins，464）。

随后，英格维于1954年创办的期刊《机械翻译》面临停刊。出版该期刊的目的是提供机器翻译领域成果的公开记录。然而，由于各种原因，他对该期刊的野心无法实现。相对较少的杰出研究成果在期刊上发表，许多机器翻译研究人员得到了政府机构的资助，这些机构要求研究人员定期提交报告，并将这些报告广泛分发给其他研究人员和公共机构。研究人员认为他们已经履行了宣传研究的责任，认为没有必要向一个需要数月才能出版的同行评议期刊提交较短的文章。此外，该期刊仅依靠订阅费无法维持运营，作者需要缴纳出版费，但事实是作者并不愿意这样做（Hutchins，465）。

1962年6月，机器翻译与计算语言学协会（the Association for Machine Translation and Computational Linguistics）成立，英格维担任首任主席。协会名称中包含了"计算语言学"一词，显示了自然语言处理领域活动的不断扩展，而机器翻译只是其中的一部分，并且比例逐渐减少。该协会接管了英格维的期刊，将其更名为《机械翻译与计算语言学》，英格维继续担任编辑。然而，即使计算语言学方面的文章数量大幅增加，该期刊的出版也变得越来越不规律，而且机器翻译方面的文章数量显著减少，最终于1970年停刊。1968年，该协会删除了名称中的"机器翻译"（Hutchins，465）。

从那时开始，英格维转向对语言学理论的研究，这是自他发表"深度假说"以后越来越引起他兴趣和关注的问题。从1965年开始，英格维发表了一系列专注于语言学理论基础的论文，其中许多是在LACUS（Linguistic Association of Canada and the United States，加拿大和美国语言学协会）的会议上发表的。就像他在1954年创办《机械翻译》期刊时一样，他决心使语言研究坚实地站在科学的基础上。他一再强调当前语言学的非科学性。在这个时期，他提出了被称为"人类语言学"（后来称为"硬科学语言学"）的理论框架，其中被分析的单位不再是传统的句子、动词、名词短语、性别、时态、音素等属性，如英格维所说：这些属性往往是基于希腊哲学所推测出来的没有根据的假设。基本参与者是沟通的个体和物理可观察的"道具"（相关的抽象物体，如时钟、门）、沟通的"通道"（声波、书写、符号）和"环境"（物理环境的相关方面，如售票柜台、房间）。英格维首次尝试总结和阐述他的理论是在他的著作《语言学作为科学》中（Hutchins，465）。

在随后的论文中，英格维对自己的理论、立场进行了详细阐述，并在 1996 年的《从语法到科学》一书中汇集了这些内容。开头的章节是对所有传统与当代的语言学和语言哲学（从希腊人到索绪尔、布卢姆菲尔德、弗里斯、哈里斯、乔姆斯基等）的反驳，包括对他自己被广泛接受的"深度假说"的反驳。他的基本观点是，语言学的基本概念是主观的，并非客观的、科学的并基于人们沟通的可观察行为。英格维描述了一个详细且全面的计划，构建了一种新的语言学基础，其中"我们放弃了无根据的符号、词语、意义和句子的这些不可支持的假设"，完全转向"声波和说话者以及聆听者的世界，在这个世界里，我们可以根据对物理现实的观察以及已知的所有科学的假设，来检验我们的理论和假设"（Yngve，1996）。他并没有忽视计算处理，并将一个可实施的符号表示法包含了进去，用于表示和测试假设（Hutchins，465）。

英格维吸引了越来越多的学者的支持和合作，这些学者对他追求"硬科学语言学"的目标持有同样的态度。2004 年，一本名为《硬科学语言学》的论文集出版，涵盖了各种问题和主题（Yngve and Wąsik，2004）。英格维自己的贡献包括对正式会议中的交流进行的研究，以及关于硬科学语音学和音系学的基础的论文。其他人则写了关于言语行为、指代、商务谈判、语言变化、教育话语、科学交流等方面的文章。这些应用领域的范围令人印象深刻，英格维本人坚信，在这种真正科学基础上的"必要重构"中，"计算语言学注定将发挥重要作用"（Yngve，1982）（Hutchins，465）。

在英格维漫长的职业生涯中，他对自己在机器翻译和计算语言学领域取得的显著成就一直保持谦虚，同时坚定地致力于最高标准的研究实践，给所有认识他的人留下了深刻的印象。他的"深度假设"最为著名，与此同时，他在机器翻译方面的论文对进行自然语言计算分析的研究者具有持续的吸引力，而这并不仅仅是出于历史原因。英格维关于"硬科学语言学"的文章和书籍应成为反思语言学基础的必读之作。事实上，对于关注当前和未来语言和交流研究的任何人来说，这些文章和书籍都应该是必备的阅读材料（Hutchins，465）。

1.3.2 英格维对语言学领域的影响

1. 语言处理和计算语言学

英格维的研究为语言处理和计算语言学领域的研究奠定了基础。他的深度优先搜索方法和语法分析理论为自然语言处理和机器翻译等领域的算法和模型提供了灵感和指导。

在语言处理领域，英格维的深度优先搜索方法对句法分析和语法结构的研究具有重要意义。这种搜索方法为句法分析提供了一种系统化的方式，并在多个自然语言处理任务中具有重要的应用意义，如命名实体识别和信息抽取，可以帮助研究者更好地理解句子的结构和语法规则。深度优先搜索方法提供了一种有效的算法，它从句子的开始位置出发，通过逐步探索可能的语法结构，寻找最佳的句法分析树。这一搜索过程可以帮助研究者系统地分析句子的组成部分、短语结构和依存关系，从而更准确地捕捉句子的语法信息。

深度优先搜索方法对于命名实体识别任务也具有重要作用。命名实体识别是识别和分类文本中的命名实体，如人名、地名、组织机构名等。通过应用深度优先搜索方法，研究者可以在文本中搜索可能的实体组合，从而更准确地识别命名实体并进行分类。这对于许多信息抽取任务和语义理解任务非常重要，如知识图谱构建、实体关系抽取和信息检索等。此外，深度优先搜索方法还可以应用于信息抽取任务。信息抽取是从大量非结构化文本中提取结构化信息的过程。通过深度优先搜索方法，研究者可以在文本中逐步扩展和搜索与特定信息关联的语法结构和关键词，从而提取所需的信息。这对于知识库构建、语义关系抽取和文本摘要等任务非常有帮助。

句法分析是自然语言处理的关键任务之一，它可以用于解析句子的结构、理解句子的意义以及为完成其他任务奠定基础，如机器翻译、问答系统和语音识别等。英格维的语法分析理论对于机器翻译等领域具有重要影响。它通过对源语言句子进行句法分析，更准确地捕捉到句子的语法结构和语义信息，从而提供更准确的翻译结果。英格维的语法分析理论为机器翻译研究者提供了一个基础框架，可以帮助人们构建更高效和准确的机器翻译系统。英格维通过对句子进行句法分析来识别和建模句子中的短语、句法关系和语义角色等,而在机器翻译任务中,准确把握源语言句子的句法结构可以帮助系统更好地理解句子的含义和语法规则,从而更精确地转换成目标语言句子。例如,基于句法分析的机器翻译模型可以在转换过程中利用源语言句子的句法结构信息,引导目标语言的生成过程,使得翻译结果更符合目标语言的语法规则和习惯用法。此外,句法分析还可以为机器翻译中的重要环节如词对齐和短语翻译提供辅助,从而改善翻译的效果。研究者可以借鉴和拓展英格维的理论,进一步研究和改进句法分析方法,以应对机器翻译中的挑战。例如,他们可以探索更复杂的句法结构模型,如依存句法和语义角色标注,以更全面地捕捉句子的语法和语义信息。同时,英格维的理论也为机器翻译系统的评估提供了一种指导方法,通过对翻译结果的句法分析和比较,可以评估系统的翻译质量和准确性,从而为机器翻译系统的设计和改进提供指导。英格维的理论推动了机器翻译领域的发展。

英格维的研究还对机器学习在语言处理领域的应用产生了重要影响。他的研究为使用统计机器学习方法解决语言处理问题奠定了基础,其方法和思想启发了后来的研究者,推动了机器学习在自然语言处理任务如语义角色标注、词性标注和情感分析等方面的广泛应用。英格维认识到通过统计方法和大规模语料库可以从数据中学习到语言的规律和模式。这一观点为后来的研究者提供了指导,鼓励他们使用机器学习算法来处理自然语言数据。这种转向使得语言处理任务从传统的基于规则的方法转变为基于数据驱动的方法,取得了更好的效果和更广泛的应用。这种基于机器学习的方法在提高任务准确性和效率方面取得了显著的成果,为自然语言处理技术的发展作出了重要贡献。此外,这种跨学科的研究思路激发了研究者们的创新思维,并推动了语言处理和机器学习领域的相互影响和合作。例如,随着深度学习方法的兴起,研究者们将神经网络与语言处理相结合,开发了强大的深度学习模型,在自然语言处理任务中取得了显著的突破。这些进展促进了自然语言处理技术的发展,推动了语言处理技术的研究和应用。

总体而言,英格维在语言处理和计算语言学领域的贡献是多方面的。他的成果不仅为理论研究提供了重要的思路和方法,而且为实际应用中的语言处理任务提供了关键的技术支持。这些影响持续至今，推动了语言处理和计算语言学的进一步合作和发展。

2. 句法分析和语法理论

英格维的句法分析方法和对句子结构的研究对句法理论的发展产生了重要影响。他对句法结构的深入探索，推动了从短语结构语法到依存语法等新的句法理论的发展。

首先，英格维的方法鼓励了研究者对句法结构进行更全面、细致的分析。传统的句法分析方法往往采用自上而下或自下而上的分析策略，而英格维的深度优先搜索方法从句子的开始位置出发，逐步扩展并探索可能的语法结构。这种搜索方式使得研究者能够更全面地考虑句子中不同成分之间的关系，包括词语之间的依存关系、短语之间的组合规则等。通过更细致的分析，研究者可以深入探究句法结构的复杂性，从而提出更准确和全面的句法理论。

其次，英格维的方法可以帮助研究者更好地理解句子的结构和语法规则。通过深度优先搜索，研究者可以对句子中不同成分的排列和组合进行探索，从而揭示出句子的内在结构和语法规则。英格维的方法为句法分析提供了一种有序的思考路径，使得研究者能够更深入地解读句子的句法信息，理解句子中各成分的功能和作用。

最后，英格维的方法为句法理论的深入发展提供了契机和指导。英格维的研究为研究者提供了一种新的句法分析框架，促使研究者们提出新的句法关系模型和解释框架，包括依存语法等。这些新的理论和分析方法丰富了句法理论的研究范式，推动了句法理论的不断演进和改进，促进了句法分析技术的发展，为后续的句法分析算法和模型提供了重要的启示和指导。

在英格维的启发下，依存语法作为一种新的句法理论逐渐兴起。依存语法将句子看作一个依存关系网，其中每个词语与其他词语之间都存在着依存关系。相比于传统的短语结构语法，依存语法提供了更为直观和细致的句法分析方法。依存语法的发展不仅仅是形式上的变革，更体现在对句子结构和语法规则的新的理解。它强调了词与词之间的依存关系对句子意义的贡献，并提供了一种更精确的句法分析框架。通过依存语法，研究者们可以更准确地捕捉句子中词语的功能和语义信息，从而提供更全面和准确的句法分析结果。

在依存语法的发展过程中，研究者提出一个重要的模型——依存关系树（dependency tree）。在这个模型中，句子中的每个词语都被视为一个节点，并且节点之间的依存关系以有向边的形式表示。依存关系树描述了词语之间的依存关系，从而反映了句子的结构和语义信息。这种模型在句法分析任务中得到了广泛应用，并为研究者提供了一种直观和有效的句法表示方式。

此外，转移-归约句法分析（transition-based parsing）也是受到英格维的研究启发而发展起来的一种句法分析算法。该算法通过一系列转移操作，从初始状态逐步构建句法结构，直到生成最终的句法分析树。转移-归约句法分析算法的设计受到英格维深度优先搜索方法的启发，注重句法结构的建立过程和词语之间的依存关系。这种方法在句法分析任务中具有较高的效率和准确性。

此外，英格维的研究也催生了其他新的句法理论的研究，如词汇功能语法、关系语法等。这些新的理论提供了不同的分析角度和解释框架，拓宽了句法研究的视野，丰富了人们对语言结构和语法规则的理解，推动了句法理论的不断发展。

3. 语料库研究方法

英格维的研究使得语料库研究方法在语言学领域得到了广泛应用。语料库语言学是一种基于大规模语料库数据的研究方法，通过收集和分析实际语言使用情况的样本，以揭示语言的规律、变化和特征。英格维鼓励研究者使用真实的语言数据进行研究，让他们认识到通过观察和分析大规模语料库中实际语言的使用，可以更准确地了解语言的结构、语法规则以及语义特征。这种基于实际语言数据的研究方法消除了对人为假设的依赖，提供了更客观和真实的语言描述。

大规模语料库中的实际语言数据能够涵盖更广泛的语言现象和使用情况。传统的语言学研究依赖于自己的直觉、语法书箱、限制性的语言样本或人为构造的句子，存在主观性和有限性，而使用真实语言数据可以更全面地反映真实语言的多样性和复杂性。语料库中包含了来自不同地区、不同年龄和不同社会背景的大量语言样本,这些样本反映了真实语言使用中的变体、语法结构的差异以及实际语境中的语言现象。通过观察和分析这些语料库数据,研究者能够获得更全面和准确的语言描述。

基于真实语言数据的研究方法还可以提供更多的语法规律和模式。语料库中的大量语言数据能够帮助研究者发现更多的语言现象和语法规则,这些现象和规则可能在传统的研究方法中被忽视或未能全面捕捉到。通过分析语料库中的语言数据,研究者可以观察到词汇的用法、短语的组合、句法结构的变体等。这些数据使语法规则的描述更准确和全面,进而可以提升语言学的科学性和准确性。语料库中的长期语言数据可以被用来研究语言的历史发展、社会变迁以及语言变异的模式。通过观察不同时间段的语料库数据,研究者可以探索语言的演化过程、语法规则的变化以及新词汇和短语出现的特征。这对于理解语言的动态性和变化性具有重要意义,并有助于预测语言未来的发展趋势。

这种基于真实语言数据的研究方法还有助于揭示语言的内在规律和结构,比如词汇的分布、语法关系的频率和语义表达的模式。通过对这些规律和结构的深入研究,语言学家能够更好地理解语言的本质和运作机制。这种方法摆脱了对人为假设和主观判断的依赖,使得研究结果更具客观性和可靠性。通过对大规模语料库中的数据进行统计分析和计算模型建立,研究者能够获得更准确的语言结构和语法规则的描述,同时也能够为其他研究者提供可重复的实验基础,从而推动语言学作为一门科学的发展。

基于真实语言数据的研究方法还有助于深入理解语言的语义特征。语义是语言学研究的重要领域之一,而语义特征的精确描述对于语言处理和语义分析任务至关重要。通过观察大规模语料库中的实际语言使用,研究者可以发现词汇的多义性、语义的搭配关系以及语言表达中的隐含意义等。这为构建准确和精细的语义模型提供了重要的支持。

另外,英格维提出的一种系统化的语料库收集方法可以帮助研究者有效地构建语料库资源。他强调收集语料时数据来源的多样性和代表性,鼓励研究者从不同的语言环境和语言使用者中收集数据,以获取更全面和多样化的语言样本。这种系统化的语料库收集方法为后续的语料库研究奠定了重要的方法论基础。他的研究还涉及数据清洗和语言标注技术，帮助研究者处理和准备语料库数据。他提出了一些数据清洗的方法，用于去除语料库中的文本噪声和错误。此外，他也关注语料库的语言标注，即为语料库中的文本添加语法、词性、句法结构等标记，以便于后续的语言分析和研究。这些数据清洗和语言标注技术为语料库的质量提供了重要的保证。在涉及语料库查询和数据分析工具的开发方面，英格维帮助研究者更好地利用语料库资源进行研究。他提出了一些语料库查询方法和查询语言，使研究者能够从语料库中快速检索和获取特定的语言数据。此外，他也开发了一些数据分析工具，用于对语料库数据进行统计和语言学分析，从而揭示语言的规律和特征。

英格维的成果对语料库语言学中的统计分析方法的发展产生了重要影响，为后续的语言学研究者提供了更广阔的视角。英格维认识到通过对大规模语料库数据进行统计分析，可以揭示语言现象的分布和频率。他鼓励研究者运用统计方法来分析语料库中的词汇、短语、句法结构等语言单位的使用情况，以确定它们在语言中出现的频率和分布情况。这种统计分析方法使研究者能够了解不同语言现象在语料库中的普遍性和特殊性，从而深入理解语言的使用模式和规律。他的研究还强调通过统计分析揭示语言现象之间的关联关系。例如，词语之间的共现关系、短语结构的组合规律以及语法规则的应用情况等。这些统计分析可以帮助研究者更好地理解语言的结构和功能。

英格维的研究还推动了语料库语言学中定量研究视角的发展。通过对大规模语料库数据进行统计分析，研究者可以获取大量的数量化信息，如频率、概率、分布等。这种定量研究视角为语言学研究提供了更客观和可量化的依据和结论。研究者可以基于统计分析的结果进行定量的比较和推断，从而保证语言学的科学性和准确性。总体而言，英格维的研究使得语料库研究方法在语言学领域得到了广泛应用，为语料库语言学的发展奠定了基础，并为后续的研究者提供了重要的方法和技术支持。这种基于实际语言数据的研究方法已经成为现代语言学的重要组成部分，并持续推动语言学的发展和进步。

综上所述，英格维是一位对语言学领域有着广泛而深远影响的学者。他通过引入相关学科如计算机科学、心理学等丰富了语言学研究的理论和方法。他的研究激发了后续学者的研究兴趣，并对现代语言学产生了深远影响，推动了语言学的进一步发展。

第 2 章　英格维的硬科学语言学理论

2.1 硬科学语言学的定义及特点

硬科学语言学指的是一种追求科学性、可观察性和可验证性的语言学方法和范式。语言学应该被视为一门科学,而非一门纯粹的人文学科。硬科学语言学主张应当采用科学的方法和原则来研究语言现象,并通过观察、实证和理论构建来揭示语言的规律和结构。硬科学语言学表现出以下几个特点。

第一,硬科学语言学强调语言学研究应该具备可观察性,这意味着语言学研究应该基于实际语言数据的观察和分析,而不是纯粹依赖于主观的理论假设或猜测。通过观察实际语言使用的现象和规律,研究者可以得出客观和可验证的结论,从而提高语言学的科学性和可信度。可观察性是语言学作为硬科学的基本要求之一。传统上,语言学家依靠人为构造的句子或有限的语言样本来研究语言规律,这种研究方法的局限性在于无法全面反映真实语言的多样性和复杂性。然而,通过观察实际语言使用的数据,如大规模语料库中的自然语言文本、语音记录以及语言交际中的实际对话等,研究者能够直接观察到语言现象的多样性和变异性。

通过基于实际语言数据的观察和分析,研究者可以发现语言中的模式、规律和共性,可以观察到不同语言之间的共同点和差异,以及在同一语言内不同社群或不同时期的变化。这种基于观察的方法使得语言学研究能够基于实际数据进行验证,从而提高了研究结论的可信度和科学性。此外,通过分析大规模语料库中的数据,研究者可以观察到语言中的频率分布、词汇使用、语法结构和语义关系等方面的规律。他们能够发现一些在狭小样本中不容易察觉的语言现象,从而对语言的结构和功能有更深入的理解。

第二,硬科学语言学追求解释和预测的能力。这意味着语言学理论和模型应该能够解释语言现象的原因和机制，并能够预测和描述未知语言现象。硬科学要求语言学具备系统性和普遍性，能够提供一般性的解释和推断。在语言学研究中，解释是指对语言现象进行原因分析和理论解释。科学性要求语言学的理论和模型能够提供对语言现象的合理解释，揭示其背后的机制和原理，能够适用于不同语言、不同语言现象和不同语境。通过建立理论框架和模型，研究者能够探索语言的内在规律和结构，解释为什么语言会出现特定的现象。例如，通过句法理论，研究者可以解释句子的结构和组合规则，通过语义学理论，可以解释词汇和句子的意义生成和推导过程。这种系统性和普遍性使得语言学的研究成果具有普适性和可迁移性，能够为跨文化和跨语言的研究提供指导和基础。预测是硬科学语言学的另一个重要方面。通过对语言的规律和机制的深入研究，研究者可以建立预测模型，根据已有的语言数据和规律预测未来的语言变化、演化和发展趋势。这种预测能力不仅对语言学理论的发展具有重要意义，也对实际应用领域如自然语言处理、机器翻译等有着广泛的应用价值。

第三，硬科学语言学强调应该遵循科学研究的基本原则，如可重复性、证据支持和理论修正等。这些原则确保了语言学研究的可靠性、可信度和进步性，使其成为一门真正科学的学科。首先，可重复性是科学研究的重要原则之一。语言学研究的结果和发现应该是可重复的，即其他研究者应该能够根据相同的方法和数据重新进行实证研究，并得出相似或相同的结论。通过多次的重复研究，可以验证和确认语言学理论和模型的有效性和稳定性，以保证语言学研究的可靠性。其次，语言学研究应基于充分的证据进行推断和推理。研究者应该收集和分析丰富的语言数据，包括口语和书面语的语料、实地调查和实验数据等。这些数据作为科学研究的基础，提供了实证验证和理论建构的依据。与此同时，语言学研究应该注重数据的质量和可靠性，并采用适当的统计和方法论工具进行数据分析和推断。最后，当新的证据出现或理论需要修正时，语言学应该能够及时适应和更新。语言学研究要保持开放和灵活的态度，对新的证据和观点持审慎的态度，并根据实证结果进行理论修正和调整。科学的进步离不开对旧有理论的修正和改进。

2.2 英格维的主要理论观点

2.2.1 语言的生成性能力

语言的生成性能力是指人类语言能够创造出新的句子和表达方式的能力。乔姆斯基的理论主张人类语言具有无限的生成能力，即通过有限的语法规则和词汇，可以无限地创造出新的句子。这被称为"生成语法"或"生成式语法"。然而，英格维对乔姆斯基的观点提出了质疑。他认为人类语言的生成能力是有限的，即使数量很大，也不是无限增长的。英格维的观点是基于以下几个方面的考虑。

1. 词汇的有限性

英格维指出，在实际中，我们所使用的词汇是有限的。因此，即使通过组合和重组词汇可以产生新的句子，但是词汇本身的数量是有限的，从而限制了句子的数量。

人类语言使用了一个词汇库，其中包含了各种单词和短语。这个词汇库受到社会、文化和环境因素的影响，并且在个体学习语言的过程中被逐渐掌握和扩展。然而，无论这个词汇库有多大，它都是有限的。即使我们可以通过不同的组合和重组方式来创造新的句子，但是这些句子是基于有限的词汇的。新的句子往往是通过改变词的顺序、使用不同的词性和词形变化等手段形成的。举个例子，使用3个简单的词汇造句：猫、追逐、老鼠。我们可以创造出不同的句子，比如"猫追逐老鼠""老鼠追逐猫"等，但我们只能创造出有限数量的句子。尽管可以通过改变词的位置或引入其他词汇来扩展这个句子的变化，但是在特定的词汇库下，句子的数量始终是有限的。

这种词汇的有限性对句子数量的限制是语言使用中一个重要的方面。尽管我们所使用的词汇是有限的，但是人们仍然有一些策略来扩展词汇库以创造更多的句子。一种常见的策略是通过词汇的借用和引入来扩充词汇库。在语言交流中，尤其是在涉及新的概念或技术领域时，可能需要借用词汇。例如，英语中的"karaoke"（卡拉OK）一词就是从日语中借用的。此外，人们还可以通过创造新的词汇来扩展词汇库。新词的创造通常是为了表达新的概念、趋势或社会现象。这种创造新词的过程被称为"词汇创造"，它在语言发展中起着重要的作用。例如，随着科技的发展，人们不断创造出新的词汇来描述新出现的科技产品和现象，比如"人工智能""区块链"等。

然而，即使存在词汇的借用和创造，这些扩展仍然是有限的。词汇的借用可能受限于与其他语言之间的接触和影响程度。创造新词的过程也受到社会和文化因素的影响，因为新词需要被社会接受和广泛使用才能真正成为语言的一部分。不同的社会群体、专业领域和文化背景可能会发展出各自独特的词汇和术语，这些词汇在特定的语言环境中被广泛使用，但在其他语言环境中可能不常见或不被理解。总之，词汇的有限性对句子的数量产生了限制。虽然我们可以通过创造新的句子结构和使用不同的词汇组合来表达意思，但是这些创造仍然受限于已有的词汇库和词汇的有限性。这一观点强调了在实际语言使用中，词汇的数量是一个重要的限制因素。

2. 句子长度的限制

句子长度的限制是指在实际语言使用中，句子的长度是有限的。英格维指出，随着句子长度的增加，其复杂性和难度也会增加，而人们在日常交流中更倾向于使用较短的句子和简洁的表达方式。这种限制会对句子数量产生一定的影响。

一方面，较短的句子更易于理解和表达。在日常交流中，人们往往倾向于使用简短的句子，这样可以更清晰地传达信息，避免产生歧义或引起混淆。通过使用简洁的词汇和简明的句子结构，人们能够直接、准确地表达他们的意思。这种简洁表达减少了语言中的歧义和模糊性，使得接收者更容易理解发言者的意图。相比之下，较长的句子可能包含更多的修饰语和从句，导致信息过载和理解困难。同时，短句子通常具有更简单的结构和较少的信息量，因此更容易被人们记忆和处理。在日常交流中，人们需要快速理解和回应他人的话语，因此使用短句子可以提高交流的效率。对于长句子，人们可能需要更多时间去思考和解析才能理解其含义，这会增加交流的时间和认知负担。较短的句子使得对话更加流畅，因为它们更容易被及时接受和回应，避免了长时间的停顿和中断。需要注意的是，虽然短句子在日常交流中很常见，但并不意味着长句子没有存在的价值。在某些情况下，特别是在学术和专业领域中，较长的句子可能更适合传达复杂的思想和观点。长句子可以提供更多的细节、修饰和关系，有助于构建复杂的论述和表述更深入的分析。

另一方面，长句子需要更多的语法规则和结构来保持语义和句法的一致性。首先，长句子通常涉及更多的从句、修饰语和连接词等语法元素。这些语法元素要求人们在理解和使用过程中保持更强烈的语法意识。人们需要处理更多的语法规则和语法关系，这增加了人们在语言理解和产生过程中的认知负担。其次，长句子可能涉及更多的信息组织和推理过程。当句子变得复杂时，人们需要将多个信息段落进行组合和关联，以理解句子的整体意义。长句子可能包含多种观点、描述、条件或逻辑关系，需要人们进行更深入的思考和推理才能完全理解其含义。当句子变得过长和复杂时，存在更多解释和理解的可能性，因此会产生不同的解读和理解结果。这会增加沟通的困难，容易产生误解或含义混淆。因此，长句子相对较难处理。

再一方面，句子的长度还与口语和书面语的差异有关。口语交流具有实时性和即兴性的特点。在口语交流中，人们需要快速地思考和回应对话中的内容。短句子能够更迅速地传递信息，使得对话更加流畅和连贯。此外，口语交流更注重口语表达的直接性和实际性，因此，在口语交流中，人们倾向于使用简短的句子和常用的表达方式，以便更有效地与对方沟通。而书面语通常更加正式和结构化，注重修辞和复杂的句子结构，需要通过语言来进行详细的描述、解释和分析。在书面语中，作者有更多的时间和空间来组织思维和表达复杂的观点，长句子则有助于传达更丰富和复杂的信息，展示作者的思维深度和逻辑推理能力。然而，即使在书面语中，过分冗长和复杂的句子也可能造成阅读和理解上的困难。长句子可能包含多个子句和修饰语，读者需要更好的认知能力和更多的时间来处理和解析这些句子，这一过程可能会导致信息的丢失或错误。因此，在书面语中，作者也需要注意句子的长度和结构，以确保读者能够轻松理解其所想传达的信息。总之，选择适当的句子长度和结构对于有效的交流和理解至关重要。

综上所述，句子长度的限制对句子的数量产生了一定的限制。句子的复杂性和难度随着句子长度的增加而增加，这也是人们在实际语言使用中更偏好使用较短句子的原因之一。

3. 语法的限制

语法的限制是英格维在对乔姆斯基的语言学理论进行反驳时提出的一个观点。英格维认为，语法规则的数量和复杂性是有限的，尽管可以提出许多语法规则来解释不同的句子结构，但总体上存在一种有限性。人们在实际语言使用中往往倾向于使用相对简单和常见的语法规则来表达自己的意思。

首先，语法规则的数量是有限的。人类语言的多样性和复杂性产生了很多的句子形式和结构。每种语言都有其独特的语法系统，包括词汇、句法、语义和语用等方面的规则。这些规则共同组成了一种语法框架，用于描述和解释语言中句子的结构和组织方式。尽管可以提出各种各样的语法规则来解释不同的句子形式，但实际上存在一种限制，即不能为每个句子形式都提供一个独立的规则。语言学家通过总结和归纳语言中的共性和规律，提出了一系列通用的语法规则和原则，用于解释和描述句子的结构和意义。这些规则具有一定的适应性和灵活性，以应对各种不同的语言表达需求。另外，语法规则的数量受限于人类语言习得和使用的能力。人类在语言习得的过程中能够掌握和运用特定语言的语法规则，但难以处理过于复杂或罕见的规则。语言习得是一个渐进的过程，在语言习得的过程中，人们更容易掌握和运用常见的语法规则，而较为复杂的规则可能需要更多的学习和实践才能掌握。因此，语言学家倾向于提出相对简单和常见的语法规则，这些规则可以涵盖大部分语言表达的需求，并且与人类整体的语言习得和使用的能力相符合。

其次，语法规则的复杂性也是有限的。人们在实际语言使用中倾向于使用相对简单和常见的语法规则，以提高交流的效率和准确性，减少沟通中的歧义和误解，从而使交流更顺畅。

最后，语法的有限性与语言习得和使用的过程密切相关。人类语言习得是一个渐进的过程，是从婴儿期开始通过与他人的交流和与语言环境的接触逐渐习得语言的规则和结构。在语言习得的早期阶段，幼儿会通过模仿和重复来学习简单的语言表达，例如单词和简单的短语。随着语言能力的发展，他们逐渐开始掌握更复杂的语法结构，如句子的构建和语法关系。这个习得过程需要时间和实践的积累。相比之下，较为复杂的语法规则可能需要更多的学习和实践才能掌握，因为这些规则可能涉及更抽象或具体的语法现象，需要更强的语言分析和推理能力。因此，在语言习得的过程中，人们往往会先掌握和使用那些较为简单和常见的语法规则，而将较为复杂的规则作为后续学习的目标。

总的来说，英格维的观点强调了语法规则的有限性。虽然语法规则可以解释各种句子的结构和形式，但它们的数量和复杂性都是有限的。人们在实际语言使用中倾向于使用相对简单和常见的语法规则，这反映了语法规则的限制和人类语言习得的特点。

2.2.2 语法的普遍性与差异性

长期以来，语法的普遍性是语言学领域的一个重要议题。乔姆斯基提出了普遍语法的概念，认为所有语言都共享一些基本的语法结构和规则，即语言的本质是普遍的，而语言之间的差异主要在于设置参数的不同。然而，英格维却认为不同的语言之间存在很大的差异，并且这些差异不能简单地归结为普遍语法结构中参数的不同。

英格维的观点是基于对不同语言的研究和比较。他指出，语言差异不仅仅是参数的不同，而是受到各种语言特定的历史、文化和社会因素的影响。

首先，历史因素对语言的发展确实起着重要作用。在漫长的历史进程中，不同的语言通过各种交流和接触形成了各自独特的语言特点和结构。语言的交流、接触是语言演变的重要因素之一。当不同语言的使用者相互交流和接触时，语言之间的影响和借用就会发生。这种语言交流和接触可以是由贸易、迁徙、殖民、征服等引起的。在语言交流和接触的过程中，语言使用者可能会借用和融合其他语言的词汇、语法和语音特点，从而丰富和改变自己的语言。这种交流和接触引起语言的变化和演变，反映了不同语言间的相互影响。历史上的政治、经济和社会变迁也对语言的发展产生了影响。政治和社会的变化常常伴随着权力的转移、社会结构的变化和文化的转变。这些变迁可以引起语言使用和语言规范的改变。例如，一个新的政权可能会推行新的语言政策，引入新的词汇和语法规则，以反映其政治和社会理念。经济的发展和交流也可以促进语言的变化，因为贸易和商业活动需要语言适应新的需求和概念。文化交流对语言的发展也有重要影响。文化交流涉及不同文化之间的知识、思想和价值观的交换，可以通过文学、艺术、哲学、科学等领域的互动来实现。在这个过程中，语言扮演着重要的角色。当不同文化之间进行交流时，语言可能需要表达新的文化概念和思想，从而促进了语法规则和词汇的扩展和调整。每种语言都承载着其独特的历史背景和演化路径，这直接影响其语法规则和结构的形成。了解语言的历史背景和演变过程有助于我们更好地理解语言的特点和多样性。

其次，文化因素也对语言的差异产生重要影响。语言是一种文化的表达方式，它反映了特定文化群体的价值观、习惯和传统。不同的文化对于交际方式、社会角色、身份关系等有着不同的偏好和要求，这也反映在语言的语法规则上。例如，有些文化十分注重彼此交流中的礼节，因此会严格使用特定的敬语、称谓和礼貌用语，以展示对他人的尊重和礼貌。人们会使用不同的称谓和语言形式来表示不同的社会角色和身份关系。例如，对长辈、上级、年长者等的称呼与对同龄人或年轻人等的称呼不同。而有些文化可能更注重直接、简洁和实用的表达方式，因此语言会更加简洁、直接和灵活。文化因素还通过语言习得和社会化过程引起语言的差异。语言习得是一个渐进的过程，在这个过程中，人们不仅学习语法规则，还学习语言使用的文化背景和社会规范。人们通过接触到的语言使用情境来理解和掌握语言的特点和用法，因此在不同的文化背景中，人们所学到的语法规则有所不同。

社会因素也会影响语言的使用和发展。社会因素包括社会地位、社会关系和社会群体的互动等。语言的使用者通常会根据特定的社会情境和社会关系来选择和调整他们的语言表达方式。这种社会因素对语法规则和结构的形成及变化产生了重要影响。例如，在某些社交场合中，人们可能更倾向于使用礼貌用语和特定的语法结构来表示尊重和某种社交关系。社会地位是一个人在社会中的身份象征。在社会交流中，针对不同社会地位的人会使用不同的语言表达。例如，对于权威人士或长者，人们会使用更正式和恭敬的语言形式，以示尊重。而对于同辈或地位较低的人，使用语言时可能更加随意和亲近。社会关系涉及个体之间的互动和相互作用，人们通常根据与他人的关系来选择适当的语言风格和用法。在不同的社交关系中，人们可能会调整他们的语言方式，以适应不同的社交角色和互动需求。

例如，在亲密的朋友圈中，语言的使用可能更加随意和非正式，而在商务场合或与陌生人的交往中，人们可能倾向于使用更正式和礼貌的语言。语言是社会群体互动的重要工具，不同的社会群体可能有自己独特的语言使用方式和约定俗成的语法规则。这些社会群体可以基于兴趣、职业、文化或其他共同的特征形成。例如，专业领域的人群可能会使用特定的行业术语和专业语言，以便更有效地交流和表达领域内的概念。这种社会群体的互动对语言在特定领域和专业领域的发展产生影响。社会的政治、经济和文化变迁也会对语言差异产生影响。随着社会的进步和全球化的影响，人们的语言使用方式也会发生变化。例如，在科技发展的影响下，人们开始使用新的词汇和表达方式来适应新的社会现实。

英格维的观点强调了语言的多样性和语言的特定性，这些特点受到历史、文化和社会因素的影响。每种语言都有其独特的语法规则和结构，反映了该语言使用者的文化背景、社会环境和历史发展。这些因素使得不同语言在词汇、句法、语义和语用等方面存在显著差异。这一观点提醒我们在研究语法时要考虑语言的多样性，并意识到语言是文化和社会的重要组成部分。

英格维还认为不同语言在词序、时态、语态、名词性、动词性等方面存在差异，并认为这些差异反映了语言的特定结构和语法习惯，不属于普遍语法的一部分。这一观点提醒我们在研究语言时要注意考虑不同语言的独特性和多样性。

不同语言在词序上可以有很大的变化，并且是语言之间常见的现象，它反映了不同语言的独特语法规则和结构。在一些语言中，如英语和法语，它们的基本词序通常是主语—谓语—宾语，例如："I ate an apple."（我吃了一个苹果）。而在其他语言中，如日语和韩语，基本词序则是主语—宾语—谓语，例如："私はりんごを食べます"（我要苹果吃）。语言中的词序不是随机排列的，而是受到语法规则约束的。例如，英语中的主语通常在谓语之前，而宾语通常在谓语之后。这种语法规则的存在使得英语句子具有一定的结构和一致性。虽然语言有基本的词序规则，但在特定情境下，词序可以灵活地改变。例如，一些语言可以通过词序的变化来强调句子中的某个成分。另外，特殊疑问句、否定句和条件句等语法结构也会引起词序的变化。词序差异在一定程度上也与语言类型相关。例如，"人称代词主导型语言"倾向于采用主—谓—宾的词序，而"人称代词受格型语言"则更常使用主—宾—谓的词序。这与语言中的格标记和代词的角色有关。此外，词序差异不仅仅受到语法规则的影响，还受到语义、语用和信息结构等因素的影响。在某些语言中，词序的变化可以传达不同的语义信息。通过研究词序差异，我们可以深入理解不同语言的语法规则和结构，并为跨文化交流和语言学研究提供重要的参考。

不同语言在时态、语态、名词性和动词性等方面的表达方式也存在差异。英语中使用动词形态来表示时态变化，如英语的过去时态和将来时态："I walked"（我走了）表示过去的动作，"I will walk"（我将要走）表示将来的动作。而有些语言可能通过辅助动词、时间状语或上下文等方式来表达时态：某些语言使用辅助动词或助动词来表示过去或将来的动作。还有些语言可能使用不同的构词方式或特定的动词结构来表示语态。此外，不同语言在名词性的表达方式上也存在差异。名词性包括单复数形式、性别等。例如，英语通过名词的形态变化来表示单数或复数："cat"（猫，单数）和"cats"（猫，复数）。也有一些语言可能通过数量词、量词或上下文等方式来表示名词的单复数。不同语言对于动词性的表达方式也有所不同。动词性指动词是不是及物动词。一些语言使用动词的特定形态或语法结构来区分及物和不及物动词。例如，英语中的动词"run"（跑）可以直接使用，是不及物动词，而"eat"（吃）需要带宾语，是及物动词。有些语言可能使用不同的动词结构或其他语法手段来表示动词性。

语言差异还可以在语法规则的具体细节上体现出来。例如，某些语言可能使用更多的前置词缀或后置词缀来表示语法功能，而另一些语言可能更依赖词序或语序来表达相同的意思。这些差异进一步说明了语法的多样性和语言的特定性。

一些语言倾向于使用前置词缀或后置词缀来表示语法功能，即通过在词根或词干之前或之后添加特定的词缀来改变词的意义或词性。这些词缀可以表示名词的单复数、动词的时态和语态、形容词的比较级和最高级等。例如，英语中可以通过在名词后面添加"-s"来表示复数，如"cat"变成"cats"。相比之下，其他语言可能使用前置词缀来表示相同的意思，如在名词前面添加特定的词缀或变化形式。例如，德语中，名词的复数形式可以通过在名词前面添加"die"来表示，如"katze"（猫，单数）变成"die katzen"（猫，复数）。这种单复数形式的表示差异体现了不同语言对于名词的不同处理方式。某些语言使用后置词缀来表示动词的时态，例如英语中的过去时态可以通过在动词后面添加"-ed"来表示，如"walk"（走，原形）变成"walked"（走，过去式）。然而，其他语言可能采用前置词缀或其他方式来表示时态的变化。例如，阿拉伯语使用前置的变化形式来表示时态，如"يَشْمَي"（他走）表示现在时，而"یشَمَ"（他走了）表示过去时。此外，语态的表示方式也会因语言而异，一些语言使用前置词缀或词组来表示被动语态，而其他语言可能使用后置词缀。前置词缀和后置词缀还可以用于表示形容词的比较级和最高级。例如，英语中可以通过在形容词后面添加"-er"和"-est"来表示比较级和最高级，如"big"（大）变成"bigger"（更大）和"biggest"（最大）。然而，其他语言可能使用前置词缀或变化形式来表示相同的意思。例如，西班牙语中，形容词的比较级和最高级可以通过在形容词前面添加"más"和"el más"来表示，如"grande"（大）变成"másgrande"（更大）和"el másgrande"（最大）。

另外，一些语言可能更依赖词序或语序来表达语法功能和句子意义，而且更依赖词序或语序来表达语法功能和句子意义。这意味着它们通过调整单词的顺序来表示主语、谓语、宾语等之间的关系，而不太依赖词缀的添加或其他语法标记。这种词序的确定性使得这些语言的句子结构相对较为固定。例如，英语是一种比较依赖词序的语言，通常遵循主语—谓语—宾语的顺序。如果改变词序，句子的意义可能会发生改变。例如，"The cat chased the dog"（猫追赶着狗）和"The dog chased the cat"（狗追赶着猫）表达了完全不同的含义。相比之下，其他语言可能在词序上更加灵活，而更多地依赖词缀或其他语法标记来确定句子的结构和意义。这种灵活性允许句子在改变词序时，不会改变句子的基本含义。这些语言可能使用词缀、屈折变化或其他语法标记来表示主谓关系、名词性、形容词性等。例如，拉丁语和德语等属于屈折语系的语言，它们使用不同的词尾或词形变化来表示句子的结构和意义。在这些语言中，主语、谓语和宾语的顺序可以更加灵活，并且可以通过其他语法标记来明确它们之间的关系。这些具体的差异进一步说明了语法的多样性和语言的特定性。每种语言都有其独特的语法规则和结构，决定了其特定的词序、词缀和语序的使用方式。这些规则和结构是由语言使用者的文化背景、历史发展和社会环境塑造的，反映了特定语言社群的思维方式和语言习惯。

2.2.3 语言习得的机制

语言习得是人类独特而复杂的能力，它使我们能够理解语言并使用语言来交流和表达思想。虽然我们每个人在日常生活中自然而然地掌握了母语，但语言习得的机制却是一个深刻而复杂的问题。在过去几十年里，语言学家、心理学家和认知科学家们对语言习得进行了广泛的研究，并提出了多种理论来解释这一过程。这些研究揭示了人类天生的语言习得机制以及环境和学习经验对语言习得的影响。英格维在探索语言习得的机制方面作出了重要贡献。他的观点和研究为我们理解语言习得的过程以及语言习得背后的机制奠定了坚实的基础。

乔姆斯基的普遍语法理论提出了一种关于语言习得的观点，即人类天生具备一套内在的语言习得机制。根据乔姆斯基的理论，人类大脑中存在一种与语言相关的普遍的语法结构，被称为"语言的生成语法"。这种内在的语法结构使得人类能够在接触到语言输入时，自动地学习和理解语言的规则和结构。这意味着即使孩子只接触过有限的语言，他们仍然能够利用内在的语法结构，推断出语言的规则并逐渐习得自己的母语。他将这个内在的语言习得机制称为"语言习得器"（language acquisition device，LAD，见图1）。他认为LAD是人类大脑中的一种认知机制，负责语言习得的过程。这个机制被认为是基于基因遗传的，存在于每个人的基因中，并在语言习得的过程中发挥作用。

Input（输入）
(primary linguistic data)
（原始语言数据）
→
Language Acquisition Device
（语言习得器）
→
Output（输出）
(a generative grammar)
（生成语法）

图1　乔姆斯基的语言处理模型

根据普遍语法（universal grammar，UG）理论，语言习得不仅仅是被动地接收语言输入，更是一种主动的、创造性的过程。通过 LAD，孩子们能够根据他们接触的语言，推断出语言的规则并形成一套内在的语言系统。这个过程并不需要外界的明确教导或特定的学习策略，而是一种内在的能力，与其他认知能力一起发展。然而，尽管乔姆斯基的普遍语法理论对于语言习得的解释提供了重要的思路，但它也受到了一些质疑和批评。一些学者认为，语言习得更受到环境和社会因素的影响，而不是内在的语言结构。他们强调了语言输入、社会互动和学习经验在语言习得中的重要性，并认为这些因素与内在的语言习得机制相互作用。

随着乔姆斯基的理论的发展，他提出的语言处理模型也得到进一步的发展。其中，库克（Cook）对乔姆斯基的语言处理模型进行了一些改进。

库克认为乔姆斯基的语言处理模型中的 LAD 和普遍语法并不是独立的，而是相互作用的。他认为，语言习得不仅涉及基于内在结构的语法习得，还需要考虑到语言输入和学习经验对于语言习得的影响。根据库克的改进，语言处理模型包括三个重要的组成部分：内在结构、外部输入和学习经验。内在结构是所有人类语言共享的普遍语法，提供了一些基本的语法原则和参数。这些语法原则和参数在人类的基因中编码，为语言习得提供基础。然而，为了学习具体的语言，个体需要接收外部输入，即原始语言数据。这些输入数据被 LAD 接收、处理和转换成生成语法，形成个体的特定语言系统。外部输入对于个体的语言习得起着重要的作用，通过与他人的交流互动、语言环境的影响和实践的经验，个体逐渐从外部输入中习得具体的语言规则和结构。因此，库克的改进强调了内在结构、外部输入和学习经验的相互作用，将语言习得看作是一个综合的过程。

乔姆斯基的理论以观察的充分性、描述的充分性和解释的充分性为标准来评估其理论的数据支持。他认为语法是客观存在的，并且可以通过观察和研究来理解。根据他的观点，语法规则和结构可以通过对语言输入的分析和推断来描述和解释。

然而，英格维对此提出了一些批评。他指出，传统的语言学理论将语法视为可以直接观察和研究的属性是错误的。在交流过程中，语法并不是真实世界中可以被观察的实体。语法更多地涉及人们的认知和内在的语言结构，而不是外部的可见现象。英格维的观点强调了语言学习与使用的社会性和交互性方面。他认为语法和语言习得受到环境、社会互动和学习经验的影响，而不仅仅依赖于内在的语言结构。这种观点的提出促使二语习得研究中出现了更多关注社会语言学和交际语境的研究方法。

英格维的批评使研究者开始关注语言学习者在特定的社会互动环境中如何获取和应用语言知识。他们研究语言输入对于语法习得的影响，探讨学习者如何通过社会互动和语言使用的实践经验来发展和调整自己的语言能力。这种社会语言学和交际语境的研究方法为我们更好地理解语法习得提供了重要的视角。这些研究也为语言教学和语言政策制定提供了有益的指导。

根据英格维的观点，语言习得是一个渐进的过程，而非一次性的事件。英格维认为语言习得是环境刺激和学习经验相互作用的结果。这意味着学习者在与他人的交流中通过观察、模仿和试错来逐步习得语言的规则和结构。学习者在与他人交流和使用语言的实践中可以积累丰富的经验，通过这些经验的反馈和调整，学习者能够不断改进自己的语言表达能力。这表明语言习得是一个动态的过程，学习者可以在实际使用语言时不断尝试和修正自己的语言行为。这一观点对于我们理解语言习得的机制提供了重要的视角，强调了环境和学习经验在语言习得中的关键作用。

英格维认为语言输入在语言习得中扮演着至关重要的角色。语言输入指的是学习者在日常交流中接触到的语言材料，包括口语对话、书面文本、听力材料等。语言输入为学习者提供了与语言系统互动的机会，通过接触不同的语言输入，学习者能够逐渐熟悉和理解语言的规则和结构，从而提升自己的语言能力。首先，语言输入为学习者提供了丰富的语言样本。通过接触不同类型和质量的语言输入，学习者可以获得来自各个领域和情境的真实语言使用样本。这些样本涵盖了丰富的词汇、句法结构和语用表达，帮助学习者建立对语言的整体认知和理解。其次，语言输入为学习者提供了语言规则和结构的范例。通过观察和分析语言输入中的语法形式和语言用法，学习者能够逐渐掌握语言的规则和结构。例如，学习者可以通过听力材料中的对话理解主谓宾的语序、动词时态的使用等语法特点。这些实际应用中的语言范例，可以帮助学习者形成准确的语言模型和语言直觉。最后，语言输入还通过给予学习者反馈促进语言习得。学习者在与他人交流时，可以通过语言输入的反馈来修正和调整自己的语言使用。也就是说，学习者可以通过观察他人的反应和理解他人的表达来改进自己的语言技能，提升语言习得效果。因此，在语言习得的过程中，暴露于多样化的语言输入环境对于学习者的语言发展至关重要。

除了语言输入，英格维还强调了语言环境在语言习得中的重要性。语言环境包括学习者所处的社会和文化背景，以及与他人的交互和沟通情境。英格维认为学习者在不同的语言环境中，会逐渐调整和调节他们的语言习得过程，并能更好地掌握和应用语言的规则和结构。首先，语言环境为学习者提供了与其他语言使用者进行实际交流和互动的机会。通过与母语者或其他熟练的语言使用者进行对话和互动，学习者能够直接参与真实的语言使用情境。在这样的交流过程中，学习者可以通过模仿、积极参与和实践来提升自己的语言能力。他们可以观察和学习他人的语言表达方式，逐渐掌握语言的习惯用法、语音语调、语境适应等方面的技巧。其次，语言环境为学习者提供了丰富的语言输入和输出机会。在多样化的语言环境中，学习者可以接触到不同类型、不同领域的语言材料，并有机会使用语言进行各种实际的交流活动。这种多样性的语言输入和输出可以帮助学习者在语言习得过程中掌握更广泛的语言变体、口语风格和语言使用情境，从而加深对语言的理解和应用能力。最后，语言环境还影响学习者对语言的态度和动机。在一个积极的、鼓励性的语言环境中，学习者可能更加愿意主动参与语言学习和使用，积极探索和尝试语言的不同方面。相反，如果学习者处于一个存在压力或歧视的语言环境中，他们可能感到不安或不自信，从而影响语言习得的积极性和进程。

2.3 语言学中的领域混淆与转向

2.3.1 领域混淆的概念和定义

领域混淆是一种常见的认知误差，它在特定领域中广泛存在，指的是人们在掌握某个领域的知识时，对于其中的不同概念或概念之间的关系感到困惑，存在混淆或误解的情况。

领域混淆的一个主要的原因是语义相似性。在特定领域中，可能存在一些概念或术语，它们在表面上看起来相似或者具有相似的用词，但实际上具有不同的含义或者应用。这种相似性使得人们很容易将这些概念混淆在一起。例如，在心理学领域，人们可能会混淆"自尊"和"自信"这两个概念，因为它们都涉及自我评价，但实际上它们代表了不同的心理特征。在计算机科学领域，"人工智能"和"机器学习"是两个经常被混淆的概念。尽管它们密切相关，但它们代表了不同的概念和技术。人工智能是关于使计算机系统表现出智能行为的广泛领域，旨在模拟人类的认知和决策能力；而机器学习是人工智能的一个分支，它涉及使用数据和算法，使计算机系统能够从经验中学习和改进性能，而无须明确的程序指导。混淆这两个概念可能导致对人工智能领域技术发展和应用的误解。类似地，在医学领域，人们可能会混淆"症状"和"病征"这两个概念。症状是指患者主观感受到的不适或异常体验，如头痛、恶心等；而病征则是指医生通过观察或检测获得的客观体征，如发热、血压升高等。虽然这两个概念在疾病诊断中密切相关，但它们代表了不同的观察和评估方式。混淆这两个概念可能导致在医学诊断过程中错误的判断和治疗方案。另一个例子是在金融领域，人们可能会混淆"股票"和"股权"这两个概念。股票是指在股票市场上可以交易的公司股份，而股权是指持有公司股票所代表的所有权益和权力。尽管这两个概念都与公司所有权相关，但它们在法律和财务角度上都具有不同的含义和影响。混淆这两个概念可能导致在股权结构和公司治理方面的决策错误。

此外，概念的复杂性也是导致领域混淆的因素之一。某些领域中的概念可能非常复杂，包含多个层面、变量或者细微的差异。这种复杂性增加了人们理解和区分这些概念的难度，容易产生混淆。例如，在经济学领域，人们可能会混淆"宏观经济"和"微观经济"这两个概念，因为它们都与经济活动相关，但涉及不同的尺度和研究对象。

语境的变化也可能引发领域混淆。同一个概念在不同的语境中可能具有不同的含义或者应用。如果人们没有意识到这种语境的变化，就很容易将一个语境的概念应用到另一个语境，导致混淆。例如，在计算机科学领域，人们可能会混淆"线程"这个概念在操作系统和编程语言中的不同含义,因为它在不同的语境中用于表示不同的并发执行单元。

此外,不同的知识水平和背景也是领域混淆产生的原因之一。某领域的专业人士或者专家对该领域的概念和关系有更深入的了解,能够区分和运用它们;然而,非专业人士或者初学者则容易对该领域的概念产生混淆。例如,在医学领域,医生可能对不同疾病之间的区别有清晰的认识,而患者可能会将一些症状混淆,难以判断自己所患的疾病。因此,领域混淆是一种常见的认知误差,可能源于语义相似性、概念的复杂性、语境的变化以及知识水平和背景的不同。要想解决领域混淆,就需要通过学习和深入研究特定领域的知识,明确概念的含义和关系,并加强对语境变化的敏感度。

领域混淆是一个普遍存在的问题,可能在各种领域中发生。在科学领域,领域混淆可能涉及学科概念和原理的混淆。例如,在物理学领域,人们可能会混淆"速度"和"加速度"这两个概念,导致在解释运动过程时产生错误。在化学领域,人们可能会混淆不同元素或化合物之间的性质和反应,造成误解和错误的实验结果。在计算机科学领域,人们可能会混淆"算法"和"数据结构"这两个概念,导致在编写程序时产生逻辑错误。在网络安全领域,人们可能会混淆不同类型的攻击或安全漏洞,从而无法有效保护系统安全。在医学领域,人们可能会混淆不同疾病的症状,导致误诊或者延误治疗。在药物治疗方面,人们可能会混淆相似的药物名称或剂量,导致药物误用或产生不良反应。在法律领域,领域混淆可能涉及不同法律条款或法律程序的混淆。例如,在知识产权法领域,人们可能会混淆专利和版权的保护范围,导致知识产权侵权案件的处理错误。在刑法领域,人们可能会混淆不同罪名之间的差异,导致错误的法律判决。在金融领域,领域混淆可能涉及不同投资工具或金融概念。例如人们可能会混淆股票的投资价值和短期波动,导致作出错误的买卖决策。在金融衍生品领域,人们可能会混淆不同衍生品的风险特征和投资策略,导致投资组合的不平衡和损失。以上这些例子均突显了领域混淆的潜在风险和影响。

2.3.2 英格维对领域混淆的观点与主张

英格维对领域混淆的研究不仅涉及语言交际中不同领域的混淆问题,

还扩展到语言学的理论框架和与现实世界的联系方面。他认为，传统语言学的研究往往基于与现实世界没有必然联系的传统和武断的假设，导致语言学与实际语言使用之间存在领域混淆。传统语言学主要关注语言内部的结构和规则，将其视为一种抽象的符号系统，而忽视了语言与其所处的物理领域和社会逻辑领域之间的相互作用。英格维认为，语言学应该更加关注语言与现实世界的联系，包括语言在不同领域中的使用方式和语言交际背后的逻辑关系。他指出，语言学研究的局限性在于没有充分考虑语言与环境之间的互动关系，从而无法完整地解释和理解语言习得和语言使用的实际过程。

因此，英格维主张在物理领域中开展真正的科学研究，即通过观察和记录实际语言使用的情况，以了解语言习得和语言交际的真实过程。他认为传统语言学的研究方法往往过于抽象和离散，忽视了语言的实际使用情境。他主张通过在物理领域中进行实地调查、语料收集和实验研究等，收集和分析真实的语言数据，以验证和改进语言学理论。

实地调查是一种重要的研究方法，可以让研究者深入现实语言交际场景，观察和记录人们在特定情境中如何使用语言。通过直接观察和参与，研究者可以捕捉到语言的细微变化、非语言交际的要素以及参与者之间的相互作用。这样的调查方法能够提供关于语言使用情况的丰富数据，帮助研究者更准确地理解语言习得和语言交际的真实过程。此外，语料收集也是一种重要的研究方法，通过收集现实中的语言数据来分析语言的使用模式和特点。语料可以包括书面文本、口头对话、网络语言等，研究者可以通过对语料库的构建和分析，发现语言的规律和变异。语料收集可以通过现场记录、问卷调查、录音和文本分析等方式进行，这些数据可以用于验证和改进语言学理论，使其更贴近实际情境。实验研究是另一种重要的方法，通过控制和操作语言环境来观察和测试语言习得和语言交际的现象。实验可以设计各种任务和情境，例如语音知觉实验、语法判断实验、语义理解实验等，以探究语言处理和认知的机制。这些研究方法使语言学能够更加贴近实际情境，深入探索语言的真实规律和特点。通过收集和分析真实的语言数据，研究者可以更准确地了解语言的使用方式、语言习得的过程以及语言变化和演化的机制。

这样的研究方法可以提供实证支持，进一步验证和改进语言学理论，推动语言学的科学发展。同时，它也能够为应用语言学提供实用的指导，如语言教学、语言技术和跨文化交际等领域的实践。

当涉及语言学研究时，英格维主张与其他学科进行跨学科合作，以拓宽研究的视野和方法。他认为，语言学的研究可以从心理学、社会学、人类学等相关学科中获取有益的见解和方法，从而更全面地理解语言习得和语言使用的复杂性，促进语言学的发展和进步。心理学是一门与语言学紧密相关的学科。语言学研究可以借鉴心理学对认知过程和心理机制的研究方法，深入探索语言习得的认知机制、语言理解的心理过程以及语言记忆等方面的问题。心理学的实验设计和认知模型可以为语言学提供重要的研究视角和方法。另一个重要的合作领域是社会学。语言是社会交互和文化传承的重要工具，与社会学的合作可以帮助语言学更好地理解语言的社会功能和社会影响。通过与社会学的合作，可以研究语言在社会群体中的使用方式、语言变体与社会身份的关系、语言政策与社会变迁等问题。人类学关注文化和人类行为，也是与语言学密切相关的学科。与人类学的合作可以帮助语言学研究语言与文化的相互关系、语言的历史演变、语言的地理分布等。人类学的田野调查和文化分析方法可以为语言学研究提供深入的文化背景分析和跨文化比较的视角。

语言学与神经科学的跨学科合作是一项引人注目的研究课题，旨在探索语言处理和语言功能在大脑中的神经基础。这种合作结合了语言学对语言结构和功能的研究以及神经科学对大脑结构和功能的研究，为我们了解语言习得、语言产生和语言理解的神经机制提供了新的研究视角。通过使用神经影像技术，如功能磁共振成像（functional magnetic resonance imaging，fMRI）和脑电图（electroencephalogram，EEG），研究人员可以观察和记录在进行语言任务时大脑的活动。这种合作使得语言学可以从神经科学的角度更全面地理解语言处理过程。例如，可以通过研究大脑中特定区域的激活情况，揭示不同语言结构的处理方式，如语音知觉、语法处理和语义理解。此外，通过观察大脑中不同区域之间的连接模式，还可以了解语言处理网络的组织和信息传递方式。神经科学的研究结果可以为语言学提供有力的支持和指导。例如，神经科学的研究可以验证语言学理论关于语言处理的假设，并帮助解释某些语言现象的认知基础。通过将神经科学的实验设计和分析方法与语言学的研究问题相结合，研究人员可以更好地理解语言习得和语言使用的神经基础。此外，跨学科的合作还可以涉及语言治疗和康复的研究领域。在神经科学的支持下，语言学家和医学专家可以研究语言障碍（如失语症）的神经机制，并开发有针对性的治疗方法。通过了解大脑在受损和康复过程中的变化，帮助改进语言康复的策略和技术。语言学与神经科学的跨学科合作为语言学和神经科学的发展提供了广阔的前景。

通过跨学科合作，语言学可以从其他领域获取有益的见解和方法，从而拓宽研究视野，深入理解语言习得和语言使用的复杂性。这种合作有助于打破学科间的壁垒，促进知识的交流和跨学科研究的发展。此外，跨学科合作还可以为解决实际问题提供更全面和多维度的解决方案。

第 3 章　并行感官输入与硬科学语言学

3.1 并行感官输入的定义和意义

3.1.1 并行感官输入的概念

既然语言本身的科学研究存在限制，我们可以通过硬科学的方法来研究人们在物理领域中的交流，探索个体在交流过程中接收到的"输入"到底是什么。

在我们互相交流的过程中，仅仅通过声波作为输入是远远不够的，这一点可以通过 Klein 的类比实验——"中文房间"来证明。在这个实验中，一个人被锁在一个房间里，只听到扩音器传来的汉语语音，然而无论实验持续多久，这个人最终都无法学会说汉语。Klein 通过这个实验说明了有效的交流所需要的输入远不止声波一种形式。Klein 指出，学会一门语言需要与狭义的语言输入（声波）"并行"接收其他信息。学习者必须知道谁在说话、何时何地，还需要注意到交流中的肢体语言，包括手势、面部表情等，并且需要关注听者的反应。对于有效交流来说，输入应该包含上下文信息，包括交流的环境以及交流者的肢体语言或面部表情。因此，输入不能仅仅是声波，必须包含语音以外的所有可感知的事物。这种包括视觉信息、触觉信息、听觉信息和行为观察信息等感官输入的理念被称为"并行感官输入"。学习者在交流活动中的全部体验都是这种并行感官输入的一部分。通过融合多种感官输入，我们能够更加准确地理解和解释他人的意图和情感，并且能够更有效地进行交流。因此，要实现有效的交流，我们需要整合多种感官输入，包括视觉、触觉和行为观察等方面的信息，以获得更丰富的交流体验。这种全面的感官输入可以帮助我们更好地理解他人所表达的意思，并建立更深入的沟通和连接。

根据语言学家 Douglas W. Coleman 的观点，"在现实世界中，'理解'是参与者生理状态的变化"。这种生理变化涉及我们大脑内部的生物功能。因此，语言交流的输入不仅仅局限于语音，还必须包括学习者在特定时间所能获得的全部感官体验。正是这种并行感官输入触发了听者大脑内部的变化。并行感官输入涵盖了我们大脑有意识或无意识地感知到的任何信息，包括激活听觉皮层、感觉运动皮层和视觉皮层等神经元的活动。无论是我们看到、闻到、听到、尝到还是触摸到的东西，都会激活我们大脑中的神经网络。当我们与他人进行交流时，仅仅依靠语音本身是不够的，语境对于理解是至关重要的。Coleman 教授举了一个关于波兰语的例子：如果他只是简单地说了一个"dziękuję"（波兰语中的"谢谢"）而没有采取其他行动，服务员可能会误解他的意思为"不，谢谢"。然而，如果他把杯子移向服务员，并说出"dziękuję"，同时点头，那么他想传达的意思就是"是的，谢谢"。仅仅说"dziękuję"并不能确保交流对象能够准确理解其真正话语的含义。语境提供了交流所需的并行感官输入，同时，Coleman 教授的非语言手势也提供了这种输入，服务员看到他将杯子向前移动，并观察到他在点头。

儿童正是通过这种方式学习他们的母语。他们天生就暴露在语音中，他们通过联想来理解什么是牛奶。他们看到父母或保姆将牛奶倒入瓶子或杯子中，他们听到家长说："你想要一些牛奶吗？"他们拿着杯子喝牛奶，他们知道牛奶的味道、外观和气味。这一系列的经历使他们学会了"牛奶"。近年来，许多研究表明，并行感官输入确实能够使语言学习变得更加有效。一项名为"教学艺术家"（TAP）的项目于 2007 年至 2010 年期间在加州圣地亚哥附近的学校进行。该项目将艺术相关的课程融入日常教学内容中，旨在研究非语言手势、舞蹈和其他动作是否有助于学习。研究发现，"动作和手势有助于英语学习者学习并记住在 TAP 课程中出现的词汇"。一位教师评论道："这是肌肉感觉记忆……学生们听到了，然后他们这样做了，并且他们理解了。他们是自主地去听并去做，这是人们学习的方式，与坐在课桌边是不同的。"在另一项研究中，研究人员选择了 60 个 6 岁的儿童作为研究对象，分为实验组和对照组给每个孩子一个剧本，让他们在戏剧场景中表演。对照组被告知不要使用非语言手势，而实验组则被告知要使用手势。之后，研究人员要求孩子们回忆特定事件以及在场景中发生的顺序。结果发现，"被要求使用手势的儿童比被禁止使用手势的儿童报告的信息更准确"。非语言手势对于成人同样有效。凯利（Kelly）等人在一项关于这一主题的研究中发现，手势有助于说英语的成年人学习和记忆新的词汇。研究表明，当手势与情境相关时，手势有助于理解。相反，当手势与情境不相关时，手势会对理解产生负面影响。

并行感官输入的概念指的是在语言交流过程中，除了语音输入，还包括学习者在特定时间所能获得的全部感官体验。并行感官输入强调了交流的多维性和综合性，通过同时接收和处理来自多个感官通道的信息，我们能够更全面地理解和解释他人的意图和表达。它扩展了交流的范围，这不仅依赖于语言的字面含义，还包括非语言的信息和上下文。在语言交流中，视觉输入起着重要的作用，我们通过观察对方的面部表情、手势、身体姿势等非语言信息来获取更多的线索和意义。这些视觉信号可以提供情感、强调和意图等方面的重要信息，从而增强交流的准确性和效果。触觉和嗅觉等感官也可以在并行感官输入中发挥作用。例如，触摸可以提供有关物体的质地、温度和形状等信息，而嗅觉可以提供与语境相关的气味和味道，进一步丰富交流的内容和体验。这种综合感官的参与使得交流更加全面和有效，避免了仅仅依靠语音输入的局限性。因此，在语言学习和交流中，注重并行感官输入可以提升交流的质量和效果，使我们能够更全面地理解他人和表达自己，与他人进行有效的交流。

3.1.2 并行感官输入的重要性和作用

并行感官输入在语言学习和交流中扮演着重要的角色，它对于交流活动中理解和表达的质量起着至关重要的作用。

通过并行感官输入，交流中涉及的多个感官通道能够提供丰富的信息，从而增强了交流的质量。语音输入虽然是语言交流中的主要方式，但它仅仅提供了语言文字的表面含义。其他感官输入则能够为交流提供更加详细和全面的信息。视觉输入在交流中起着重要作用。通过观察对方的面部表情、眼神、姿势和动作，我们可以获取非常丰富的信息。面部表情可以传达情感和意图，眼神可以表达意向，姿势和动作则可以表现出对话者的状态和态度。视觉输入还能够帮助我们理解对方所指的对象，环境背景以及与语言相关的实物、图片或文字。触觉输入能够为交流增加细节和深度。通过触摸物体、握手或拥抱等肢体接触，我们可以获得所接触物体的质地、温度、形状等信息，同时也可以传达有关情感、亲密度和关系等方面的信息。触觉输入在非语言交流中特别重要，例如在安慰、支持或表达感激时的拥抱。嗅觉输入在某些情境下也会对交流产生影响。嗅觉可以带给我们关于环境和他人的信息，例如，特定的气味可以引发情感记忆或关联，某些气味可以传达食物的味道、环境的清洁程度或者其他的物体特征。嗅觉输入可以增强交流的真实感和情感体验。通过综合利用多个感官通道的信息，可以使交流变得更加全面和准确。通过并行感官输入，我们能够获取语言之外的更多有关细节、环境和情感等的信息，使得交流更加丰富和生动。这种多感官的交流体验可以帮助我们更好地理解对方的意图、情感和想法，同时也能够增强我们自身的表达能力，使得交流更具感染力。因此，在实际的交流中，我们应该注重并行感官输入的重要性，并尽可能地利用多个感官通道来增强交流效果。

上下文理解是语言交流中至关重要的一部分，而并行感官输入对于实现有效的上下文理解起着重要作用。通过同时接收多个感官通道的信息，我们可以捕捉环境中的细节、参与者之间的互动以及非语言信号，从而更好地把握交流的背景和意图，避免产生误解或歧义。观察环境是上下文理解的重要因素之一。我们周围的环境提供了丰富的线索和背景信息，帮助我们理解交流的内容。例如，如果我们在一个餐厅里听到某人说"请给我一杯水"，我们可以通过观察环境中的餐桌、水杯和服务员等元素来理解他的请求。环境中的视觉和触觉输入可以补充语言输入，使我们更好地理解对方的意图。参与者之间的互动也是上下文理解的重要部分。通过观察参与者之间的面部表情和动作，我们可以推断他们的情感状态、关系以及意图。例如，在一个会议上，我们可以通过观察与会者的姿态、眼神接触和微笑等非语言信号，来判断他们对某个观点的态度或意见。这种并行感官输入使我们能够更全面地理解他人在交流中所希望表达的含义。非语言信号在上下文理解中扮演着重要角色。举个例子，当某人说话时，他的面部表情和手势可能会透露出他的情感状态和意图。如果有人用愤怒的面部表情和激动的手势说话，我们就能够从这些非语言信号中推断出他此时很生气，从而更好地理解他所说的话。通过并行感官输入，我们能够将语言输入与环境、参与者之间的互动和非语言信号联系起来，从而更好地把握交流的上下文。这种上下文理解能够帮助我们避免产生误解或歧义，并促进更有效的交流。因此，利用并行感官输入来增强对语言交流中的上下文的理解是非常重要的。

并行感官输入在记忆和学习过程中扮演着重要的角色，它能够增强信息的吸收和存储效果，特别是在结合动作和手势时。研究表明，语言与相关的动作和手势结合，可以帮助人们更好地记忆新的单词和概念。动作和手势的运用可以为学习过程增添丰富的感官输入，激活大脑中不同的区域，从而促进记忆的形成和存储。当动作和手势与语言相结合时，这些动作和手势可以成为记忆的锚点，帮助我们在大脑中建立起与学习内容相关的连接。例如，当学习新的单词时，我们可以配合使用手势来表达单词的含义、配合动作来模拟单词所描述的物体或行为。手势和动作的参与，让我们不仅能听到和看到单词，还感受到单词的意义和形象，从而提高记忆效果。这种综合运用多个感官通道的学习方式能够促进信息的综合和表达，增强学习的效果。

在跨文化交流中，语言障碍和文化差异往往是交流的挑战之一。然而，语言之外的感官输入可以成为跨文化交流的有力辅助工具。视觉和非语言信号在跨文化交流中扮演着重要的角色，因为它们通常具有跨文化的共通性。面部表情、手势、姿势和身体语言等非语言信号在不同的文化中都代表着相似的含义。通过观察和理解这些信号，人们可以更好地理解对方的意图、情感等。当语言无法充分传达意义时，非语言信号可以填补交流中的信息空白。举例来说，当两个人使用不同的语言进行对话时，他们可以通过观察对方的面部表情和身体语言来获取更多的信息。面部表情可以透露出情感状态，而身体语言可以传达重要的信息和意图。通过对这些非语言信号的理解和感悟，人们可以更好地解读对方的意图，从而促进有效的跨文化交流。

此外，非语言信号还可以帮助人们更好地理解对方的文化背景。不同的文化背景下，面部表情和身体语言的使用可能存在差异。通过观察和学习对方的非语言信号，人们可以更深入地理解对方的文化特点，避免因文化差异而引起的误解或冲突。在跨文化交流中，语言之外的感官输入可以促进双方之间的互动和合作。非语言信号提供了一种直观的方式来传达情感、意图和文化背景，弥补了语言在跨文化交流中的局限性。综上所述，语言之外的感官输入在跨文化交流中具有重要的辅助作用，有助于解决语言障碍和文化差异问题，促进跨文化交流的实现。

3.2 并行感官输入在语言学习和理解中的作用

英格维对并行感官输入在语言学习和理解中的作用提出了一系列观点。他认为，并行感官输入是人类语言能力发展和语言习得的基本机制之一，对于理解和使用语言起着重要作用。

3.2.1 对词汇学习的影响

英格维的观点强调了并行感官输入在词汇学习中的重要性。他认为，通过同时接收多个感官通道的信息，人们能够更快速、更准确地将声音、视觉和上下文联系起来，从而理解词汇的意义和用法。这对于语言学习者特别是儿童来说尤为重要。

通过多个感官通道的并行输入，学习者能够获得更全面的词汇信息，并且更全面地吸收和处理信息，从而加深对词汇的理解和记忆。当学习者在学习新词汇时，仅仅通过阅读或听取单词的定义，效果是有限的。并行感官输入可以让学习者将单词的字面含义与实际场景相联系，与视觉、听觉和触觉体验相结合。例如，当儿童学习动物的名称时，可以让其观察真实的动物形象、听到动物的叫声，触摸动物或与其进行互动。这样一来，儿童能够将单词与多个感官体验相联系，建立起更丰富的词汇记忆体系，从而增强对单词的理解和记忆。通过并行感官输入的方式，学习者能够更深入地理解词汇的意义和用法。例如，当学习者学习动作动词时，通过观察实际的动作示范或自己进行动作模仿，将动作与相应的单词联系起来，从而更好地掌握动词的含义，并能够将其应用到具体的语境中。因此并行感官输入的方式可以提高词汇学习的效率和质量。

在语言交流中，词汇的含义和用法在不同的语境中可能具有不同的含义，因此准确理解词汇所处的上下文是至关重要的。英格维指出，通过并行感官输入，人们可以同时观察和感受到与词汇相关的环境、人物动作和情感表达，从而更好地理解词汇在特定上下文中的意义。例如，当学习一个新的动词时，通过观察实际场景中的动作表达和非语言信号，我们能够更准确地理解单词所描述的具体动作和情境。通过并行感官输入，我们能够注意到动作的细节、参与者之间的互动以及情感表达，这些因素都有助于我们更全面地理解和应用该动词。另外，通过并行感官输入，人们能够避免歧义和误解的产生，提高语言表达的准确性。通过观察上下文中的非语言信号，如面部表情、手势和姿势等，我们能够更好地理解说话者的意图和情感色彩，从而准确把握词汇的真实含义。

　　英格维的理论观点在词汇学习研究和实践中得到了广泛的应用。教育者和语言教师认识到并行感官输入对于学习者理解和记忆词汇的重要性，并应用这一原理设计了丰富多样的教学材料和活动，为学习者提供多通道的语言输入，以增强其学习效果。一种常见的应用是结合图像、声音、动作和实际场景，创建沉浸式的学习环境。教育者可以使用视觉素材，如图片、图表或视频，与语言输入相结合，帮助学习者更直观地理解词汇的意义和用法。同时，教育者可以利用音频材料，例如录音或音频片段，让学习者通过听觉通道接收词汇的发音和语境信息。此外，教育者还可以鼓励学习者进行相关的实践，如模拟特定动作、角色扮演或参与真实场景，以加强与词汇相关的身体经验和触觉感知。这种多通道的语言输入可以使学习者以更全面、更综合的方式接触和理解词汇；建立更强的关联记忆体系。除了教学材料和活动的设计，英格维的理论观点还可以指导语言教师在课堂教学中的实践。教师可以通过鼓励学生多维度地接触和使用词汇，结合视觉提示、动作表达和情境演练，创建一个交互式和多感官参与的学习环境。通过这样的实践，学生能够更深入地理解和应用词汇。

　　总而言之，英格维的观点突出了并行感官输入对词汇学习的影响。通过同时接收多个感官通道的信息，特别是结合上下文和实际场景，人们能够更好地理解和记忆词汇，提高语言学习的效果。这对于语言教育和词汇教学有着重要的启示和应用价值。

3.2.2 对语法习得的重要性

英格维认为,并行感官输入在语法习得中扮演着重要的角色。通过同时接收多个感官通道的信息,人们能够更全面地感知语言的结构和规则,从而促进语法的习得和内化。

(1) 多模态的输入在语法习得中起着重要的作用,它能够帮助语言学习者捕捉语法上的关联性和上下文信息,从而更好地理解句子的语法结构和语义关系。观察说话者的肢体语言和面部表情,并结合语言输入,可以使语法习得变得更加直观和自然。

当语言学习者同时观察说话者的肢体语言和面部表情时,这些非语言信号会提供额外的线索和上下文信息,有助于解析句子中的语法成分、词性和句法关系。举个例子,当学习者在听到一个句子时,观察到说话者的手势、身体姿势以及面部表情的变化,他们可以更好地掌握句子中的语法结构,如主语、谓语、宾语等,并推测出句子的语义关系。这种综合感官输入的方式使语法习得过程更加直观,因为学习者可以从多个感官通道获取信息,从而准确地理解和运用语言的语法规则。

肢体语言和面部表情往往反映了说话者的情感、意图和语境,这些信息对于准确理解句子的语法含义至关重要。观察说话者的肢体语言和面部表情能够帮助学习者更好地把握句子的语境,并根据上下文作出合理的语法解释。这种综合感官输入的方式使语法习得过程更加自然,因为学习者可以通过感知多个感官通道的信息来构建全面的语境认知,从而更好地理解和应用语法规则。

因此,多模态的输入在语法习得中起着关键的作用。这种综合感官输入的方式使语法习得过程更加有效和有趣,有助于提高语言学习者的语法能力和语言应用的准确性。教育者和语言教师可以利用这一原理,设计创新教学方法和教材,为学习者提供多模态的语言输入,促进他们在语法习得方面取得更好的效果。

(2) 通过并行感官输入,语言学习者能够更好地感知和理解语法中的声调、重音、语调等音韵要素。这些音韵要素在语言中扮演着重要的角色,影响着句子的意思、语气和表达方式。例如听觉和视觉通道的结合,可以提供更丰富的信息,帮助学习者更准确地抓住语言中的语音变化和语调模式。

通过听觉通道,学习者可以听到说话者的语音变化和语调模式,感知到声调的升降、重音的强弱以及语音节奏的变化。这样的感知能力帮助学习者正确理解语言中的重音和语调模式,从而更好地把握句子的语气和语境。同时,通过视觉通道,学习者可以观察到说话者的口型、嘴部运动和面部表情。这些视觉信息可以提供额外的线索,帮助学习者学习和掌握正确的发音方式,进一步提高发音的准确性。

因此,并行感官输入可以帮助语言学习者更好地感知和理解语法中的声调、重音、语调等音韵要素,有助于他们正确发音和习得语音语调。教育者和语言教师可以利用这一原理,设计相关的听力和口语训练活动,鼓励学习者通过多感官输入来提升其发音的准确性和语音语调的习得能力。

3.2.3 语言理解的关键因素

英格维认为并行感官输入对于语言理解的重要性不可忽视。他观察到人们在理解语言时常常同时利用多个感官通道的信息,包括听觉信息、视觉信息和语境等。这种并行感官输入的方式可以帮助人们更全面地理解语言的含义和信息,从而提高语言理解的准确性和深度。

(1)通过并行感官输入,人们可以同时接收多个感官通道的信息,如听觉、视觉和非语言信号,从而获得更准确的语言理解。

首先,当我们听到语言输入的声音时,通过观察说话者的口型和发音动作,可以更好地掌握词语的发音细节和语音特征。口型和发音动作属于视觉信息,帮助我们准确地捕捉语音的产生过程。例如,通过观察说话者的唇形、舌位和喉部运动,我们可以更好地理解不同音素和音节的发音方式,从而加深对词语发音的理解。

其次,观察说话者的面部表情和姿势也能掌握重要的信息。面部表情可以反映说话者的情感状态和意图。通过观察微笑、皱眉或眼神等面部表情,我们可以更好地理解说话者的表达意图。姿势和身体语言也可以传达出额外的信息。总之,通过综合观察面部表情和姿势,我们可以更准确地解读说话者的意图、情感状态和隐含含义。

再次,上下文信息的参考也是通过并行感官输入实现的。上下文提供了重要的背景知识和语境线索，帮助我们消除歧义、理解隐含意义和推断说话者的意图，获得更准确、全面的语言理解。

（2）并行感官输入不仅可以帮助我们获得更准确的语言理解，还能够帮助我们更好地把握语境信息。语言表达往往是基于特定的语境和背景展开的，而这些背景信息对于准确理解语言的意义至关重要。通过探究背景知识和上下文线索，可以获得更深入的语言理解。

通过参考上下文的语境，我们可以获取更多的信息来解释和理解语言中的暗示、隐喻和上下文引申。上下文线索可以包括先前的对话内容、特定场景的背景知识、参与者之间的关系等，这些都为我们提供了更全面的理解框架。例如，在一个对话中，我们要想推断出他们对话的真实意图和情感色彩，往往依赖于对上下文信息的综合把握。

总体而言，英格维的观点强调了并行感官输入在语言学习和理解中的重要作用。他认为多模态的输入能够提供更全面、更丰富的语言信息，帮助人们更好地掌握词汇、语法和语义。这些观点为研究者提供了理论框架，促进了对语言习得和语言理解机制的进一步探索和理解。

3.3 并行感官输入与硬科学语言学的关联

3.3.1 并行感官输入与硬科学语言学的相互关系

在语言学习过程中，学习者通过同时接收多种感官输入（如听觉和视觉）来获取语言信息。这种并行感官输入可以提供更丰富的语言环境，加速学习者对语音、语调、语法等语言特征的理解和掌握。通过并行感官输入，学习者可以更好地模仿和学习母语者的语言表达方式，提高语言学习的效率和准确性。硬科学语言学致力于使用实证研究方法来探索语言现象，它注重收集和分析大量的数据，运用统计学和实验设计等科学方法来验证和推断语言规律和认知机制。在研究并行感官输入方面，硬科学语言学可以通过实验设计和神经影像技术等手段来观察并理解多感官输入在语言加工中的作用和效果。并行感官输入的研究为硬科学语言学提供了一个重要的研究方向和实证基础。通过深入研究并行感官输入的机制和效果，可以增进我们对语言学习和语言理解的认识，并为硬科学语言学提供更多的实证依据。同时，硬科学语言学的方法和理论也为研究并行感官输入提供了更严谨和科学的研究框架，促进了人们对该概念的深入探索和理解。通过研究并行感官输入，我们可以更好地了解语言学习和语言理解的过程。而硬科学语言学的实证研究方法和理论框架为并行感官输入的深入研究提供了工具和依据。这两个领域的相互融合有助于推动语言学研究的发展，并进一步增进我们对语言现象的理解和认识。

在硬科学语言学中，研究者致力于使用实证研究和实验来揭示语言的认知过程和理解机制。并行感官输入的概念在这方面起到了重要的解释作用。通过同时接收多种感官输入，学习者能够获得更多维度的语言信息，包括语音、语调、语法、上下文等方面的特征。这种多感官输入激活了学习者大脑中的多个认知系统，促进了其对语言的综合理解和模仿。硬科学语言学通过实证研究和实验，可以进一步探索并验证多感官输入在语言学习认知过程中的具体作用和效果。并行感官输入的研究也关注语言输入、感知和神经活动之间的关联。研究者通过使用神经影像技术（如 fMRI、EEG 等）和其他实验手段，观察多感官输入对大脑的激活和神经活动模式。这些研究揭示了在多感官输入下，不同脑区之间的协同作用以及语言加工的神经基础。硬科学语言学的实证研究方法使我们能够更全面地了解多感官输入对于语言认知的影响，并推动我们对语言处理和神经活动之间关系的理解。硬科学语言学通过实证研究和数据驱动的方法，致力于构建基于数据的语言模型和理论。对并行感官输入的研究提供了丰富的语言数据和实验结果，可以用于验证和改进现有的语言模型和理论。通过将并行感官输入的观察和发现与计算模型相结合，我们可以更准确地描述和解释语言学习和理解的过程。

硬科学语言学借助脑成像技术，如 fMRI、EEG 等，能够直接观察并记录大脑在并行感官输入任务中的活动。通过这些技术，研究者可以研究并行感官输入对大脑活动的影响，包括不同脑区的激活模式、脑网络的连接方式以及时间序列的变化。这些研究结果为理解并行感官输入在语言认知中的作用提供了客观的脑神经证据。硬科学语言学还利用行为实验设计来研究并行感官输入对语言认知和理解的影响。通过设计任务和测量指标，研究者可以评估并行感官输入对于语言加工速度、准确性和理解效果的影响。例如，研究者可以设计听觉—视觉配对任务，要求参与者同时接收语音输入和图像输入，并测试他们的识别、理解或回忆能力。这些实验结果提供了对并行感官输入效应的定量评估数据，加深了我们对并行感官输入在语言认知中的作用的理解。研究者可以使用语料库数据、语音数据、视频数据等多种数据来源，结合计算语言学和统计学方法，从大规模数据中探索并行感官输入的模式和效应。通过分析不同感官输入在语言学习和理解中的权重、时序关系等方面的信息，我们可以更加深入地理解并行感官输入的作用机制。

综上所述，硬科学语言学通过脑成像技术、行为实验设计和语言数据分析等方法的应用，使研究者能够直接观察并量化并行感官输入对语言认知和理解的影响，从而验证和探索相关理论。这种融合了实证研究和理论建构的方法，推动了对并行感官输入与语言认知关系的深入研究。

3.3.2 并行感官输入在硬科学语言学中的应用和意义

1. 并行感官输入在硬科学语言学中具有重要的应用和意义

并行感官输入为研究者提供了一种解释语言学习机制的理论框架。通过探索并行感官输入对语言认知的影响，研究者可以更好地理解人类语言能力的本质和语言习得的过程。在硬科学语言学中，研究者使用并行感官输入来研究语言的感知和理解过程。

通过研究并行感官输入对语言认知的影响，研究者可以深入探究语言习得的机制。一方面，研究发现，在早期语言习得阶段，婴幼儿会通过同时接收听觉和视觉信息来建立词汇和语法的联系。这种并行感官输入对于婴幼儿理解和学习语言起着重要作用，揭示了语言习得的关键时间窗口。另一方面，研究者还可以通过比较单一感官输入和并行感官输入对语言认知的影响，来探索不同感官输入对语言学习的影响和作用。

并行感官输入的研究还有助于了解语言的产生和理解过程。通过同时接收多个感官通道的信息，人们能够更全面地理解和解释语言输入。研究者可以通过实验和模拟来研究并行感官输入对语言产生和理解的影响，从而推动语言学习和认知的理论发展。

2. 输入的研究结果和实证发现可以为语言教育及语言治疗提供指导

了解并利用并行感官输入对语言学习的积极影响，可以帮助教育者和语言治疗师开发更有效的教学和干预方法，促进学习者和患者的语言发展。

在语言教育领域，研究者可以利用并行感官输入的原理来设计更富有成效的教学方法。通过结合多个感官通道提供的信息，教育者可以提供更丰富和多样化的感官输入，帮助学习者更好地理解和掌握语言。例如，在教授新单词时，教育者可以同时呈现文字、图像和发音，让学习者通过视觉、听觉和口语模仿来加深对词汇的理解和记忆。此外，利用并行感官输入的教学方法还可以促进学习者的语言输出能力，例如通过口头演练和多感官交互来提高口语表达能力和语音的准确性。

在语言治疗方面，了解并行感官输入的影响有助于语言治疗师设计更有效的干预策略。在语言障碍和语言恢复的治疗中，治疗师可以利用并行感官输入的原理来提供更全面和有针对性的语言刺激，同时刺激多个感官通道，促进患者对语言的感知和理解，并帮助他们加强语言产出和表达的能力。例如，治疗师可以结合语音模型和视觉提示，引导患者进行正确发音和口腔运动，帮助他们克服语言障碍或恢复语言功能。

此外，还可以采用技术辅助的方法研究并行感官输入对语言教育和语言治疗的指导。虚拟现实（VR）和增强现实（AR）等技术可以模拟并行感官输入的环境，提供更贴近真实生活场景的感官输入。通过利用虚拟环境中的多感官输入，教育者和治疗师可以为学习者和患者提供更加沉浸式和个性化的语言训练和干预体验，促进语言的学习和恢复。

3. 并行感官输入的研究还对人工智能和自然语言处理等领域具有重要的启示作用

通过了解并应用并行感官输入的原理，研究者可以改进语言模型和机器翻译系统等自然语言处理技术，使其更贴近人类的语言认知和理解能力。

在人工智能领域，语言模型是一种重要的技术，用于自然语言的生成和理解。然而，传统的语言模型往往仅基于文本输入，缺乏对多模态信息的综合利用。通过借鉴并行感官输入的原理，研究者可以将多个感官通道的信息纳入语言模型的训练和推断过程中。例如，将视觉和听觉输入与文本输入相结合，可以提供更丰富和全面的语言上下文信息，改善语言模型在语义理解、语境推理和生成等任务中的性能。这样的改进可以使语言模型更加贴近人类的语言认知和理解。

此外,并行感官输入的研究还对机器翻译等自然语言处理任务有着重要的启示作用。机器翻译旨在将一种语言的文本转换为另一种语言的等价文本。然而,语言之间的差异不仅仅体现在文本层面,还包括声音、图像和文化背景等方面。借助并行感官输入的原理,研究者可以改进机器翻译系统,使其能够更好地理解并转换不同感官通道之间的信息。例如,在翻译过程中,可以引入视觉和听觉信息,帮助系统更准确地捕捉原始语言中的语义和上下文,从而提高翻译质量和表达的自然度。

除了语言模型和机器翻译,其他自然语言处理任务也可以受益于并行感官输入的研究。例如,情感分析任务可以结合文本、声音和图像等多模态信息,更准确地判断文本的情感倾向。对话系统可以利用并行感官输入的原理,实现更自然、准确和交互性强的对话。信息检索和摘要任务可以通过融合多种感官通道的信息,提供更全面和多样化的搜索结果和摘要内容。

综上所述,并行感官输入的研究对人工智能和自然语言处理领域具有重要的启示作用,可以推动自然语言处理技术的发展,使其更加智能、灵活和人性化,为人们提供更优质的语言交互和服务体验。

3.4 并行感官输入与认知神经科学的交叉

3.4.1 认知神经科学在理解并行感官输入中的应用

随着技术的进步和研究方法的发展,认知神经科学为我们提供了深入理解并行感官输入的机制和效应的工具。通过使用神经影像技术以及其他认知神经科学的方法,研究人员能够揭示并行感官输入对大脑活动和认知过程的影响。

1. 神经影像技术揭示的并行感官输入的神经基础

神经影像技术在研究并行感官输入方面发挥着重要作用。通过使用 fMRI,研究人员可以观察到大脑在接受并处理多个感官输入时的活动情况。fMRI 可以反映血氧水平变化,并通过这些变化来推断特定区域的神经活动程度。在并行感官输入研究中,研究人员可以使用 fMRI 定位并确定与不同感官输入相关的大脑处理区域。通过观察这些区域的激活情况,我们可以了解不同感官通道在并行感官输入过程中的作用以及它们之间的相互作用。

此外,脑电图也是一种常用的神经影像技术,它可以提供高时间分辨率的大脑活动信息。脑电图通过测量头皮上的电信号变化来反映神经元的活动。在研究并行感官输入时,脑电图可以帮助我们观察到感官输入在时间上的处理模式。例如,当我们接收到多个感官输入时,脑电图可以显示出不同感官通道信息激活神经的时间顺序和持续时间,以及它们之间的相互调节和协调。这有助于我们理解感官输入是如何在时间上相互影响和整合的。

通过神经影像技术,我们可以揭示并行感官输入的神经机制和大脑对信息的处理方式。这些技术为我们提供了重要的线索,帮助我们了解大脑在接收和处理多个感官输入时的动态过程。此外,神经影像研究还可以与行为数据和认知任务相结合,从而更全面地揭示并行感官输入的影响和效应。

2. 认知神经科学方法在研究并行感官输入中的应用

除了神经影像技术,认知神经科学还运用了多种方法来研究并行感官输入对注意、记忆、语言和学习等认知过程的影响。其中,行为实验是常用方法之一。例如,研究人员可以设计任务要求参与者同时处理多个感官输入,并通过测量反应时间、准确性等指标来评估感官输入的加工效果和相互影响。此外,神经解剖学的研究可以通过解剖学技术,如追踪染色和病理学分析,观察和描述大脑中不同感官通道的神经路径和连接方式。神经生理学的研究则可以通过记录神经元活动、神经元放电模式和突触传递等,深入了解感官输入在神经水平上的处理方式。计算模型的构建是一种重要的研究手段,可以帮助我们模拟和预测大脑在处理并行感官输入时的活动和效应。通过建立计算模型,可以模拟感官输入的传递、整合和加工过程,并预测在不同条件下的认知表现。这些模型可以基于神经网络、统计模型、机器学习等方法构建,为我们提供理论上的解释和预测,并为研究提供指导。

3.4.2 并行感官输入对认知神经科学的启示

并行感官输入的研究对认知神经科学的发展也提供了重要的启示。它揭示了大脑如何在多个感官通道中集成信息,并进行并行处理。这对于我们理解大脑的信息加工和认知功能至关重要。并行感官输入对认知神经科学的启示,包括以下两个方面。

1. 多通道信息融合的神经机制

多通道信息融合的神经机制是指大脑如何将来自不同感官通道的信息整合起来，形成对外界的综合感知和理解。并行感官输入的研究为我们揭示了这一机制，并对多通道信息融合的神经机制以及相关的认知过程研究提供了启示。研究发现，大脑中不同感官通道之间存在着丰富的神经连接和交互作用。这些连接使得不同感官通道之间可以共享和交换信息，从而实现信息的整合和协调。神经影像技术的应用可以揭示这些连接在大脑中的分布和活动。例如，通过功能磁共振成像技术，研究人员观察到视觉和听觉通道在感知语言时的交互作用，进一步揭示了多通道信息融合的神经机制。

多通道信息融合的神经机制涉及不同感官通道之间的相互作用和权衡。研究表明，某些感官通道对于特定任务或特定类型的信息处理更为敏感和更具优势。例如，视觉通道在处理空间和形状信息时表现出较大的优势，而听觉通道则对声音的频率和时序信息更为敏感。然而，不同感官通道之间也存在着一定的竞争和权衡，大脑需要在不同通道之间进行资源的分配和整合，以实现对多通道信息的综合感知和理解。

多通道信息融合的神经机制与一系列的认知过程密切相关。通过整合来自不同感官通道的信息，大脑能够建立更加全面和准确的感知和认知模型。例如，在语言理解中，视觉和听觉通道的信息融合可以帮助我们更好地理解口语表达的含义和语气。同时，多通道信息融合也为创造性思维和问题解决提供了更加丰富和灵活的认知资源。

多通道信息融合的神经机制是大脑整合来自不同感官通道的信息并产生整体感知和理解的基础。并行感官输入研究，对于认知神经科学的发展和人类认知功能的理解具有重要意义。

2. 并行处理的认知模型

并行感官输入的存在促使认知科学家开发了一系列的认知模型来解释大脑如何在并行处理多个感官输入时实现高效的信息加工。这些模型帮助我们理解并行处理和认知资源分配的原理，进而深入探讨人类认知系统的工作方式。

并行分布处理模型：该模型认为大脑中的信息处理是分布式进行的，不同的感官输入可以同时在不同的区域进行处理。这些区域之间存在着密切的连接和信息传递，形成了一个并行处理的网络。该模型的核心观点是，不同感官输入的信息在大脑中通过并行的路径进行处理，然后再被集成为一个整体的认知体验。

注意力模型：注意力在并行处理中起着重要的作用，帮助我们选择性地关注感官输入中最相关或最重要的信息。注意力模型认为，大脑会根据任务需求和外界刺激的重要性来动态调整注意力的分配。通过注意力的调控，大脑能够对多个感官输入进行有效的资源分配，提高信息加工的效率。

工作记忆模型：工作记忆是一种临时存储和处理信息的能力，对于并行处理至关重要。工作记忆模型认为，大脑通过维持和操作有限数量的信息单元来完成多任务的并行处理。这些信息单元可以同时存储和操作不同的感官输入，并与长期记忆进行交互。工作记忆的容量和处理能力对于并行处理的效率起着关键作用。

并行注意模型：该模型将并行处理和注意力机制结合起来，认为大脑可以同时处理多个感官输入，并通过动态的注意力调控来选择性地加工信息。并行注意模型强调，大脑在进行并行处理时会根据任务的要求和感官输入的特征来自适应地调整注意力的分配，以实现高效的信息加工和认知资源分配。

这些并行处理的认知模型为我们理解大脑的工作方式提供了重要的理论基础。它们帮助我们认识到人类认知系统是如何在多个感官输入同时存在的情况下，以高效、灵活的方式进行信息加工和资源分配的。进一步研究这些模型可以促进人们对认知过程的深入理解，并为人工智能和机器学习领域的发展提供启示。

3.4.3 并行感官输入与认知神经科学研究的未来方向

并行感官输入和认知神经科学的交叉研究具有广阔的发展前景，未来可能的研究方向包括以下几个方面。

1. 新兴技术的应用

随着技术的不断进步，如虚拟现实、脑机接口和神经调控技术等，我们可以更加深入地研究并行感官输入和认知神经科学之间的关系，探索并行感官输入和认知神经科学的交互作用。

虚拟现实技术可以模拟现实世界的感觉和体验，为用户打造虚拟环境。通过虚拟现实技术，研究人员可以创造各种并行感官输入的场景，如同时触发视觉、听觉和触觉等感官通道，更好地观察和测量大脑在处理多个感官输入时的神经活动和认知加工过程。

脑机接口技术建立了人脑与外部设备之间的直接连接，使得大脑活动可以被记录、解码和控制。通过这一技术，研究人员可以观察和分析大脑在接收并行感官输入时的活动模式，进而探索感官输入如何影响认知神经过程。此外，脑机接口技术还可以用于研究大脑在处理多个任务时的资源分配和认知控制机制。

神经调控技术包括脑电刺激、经颅磁刺激和深度脑刺激等方法，可以对大脑进行非侵入性或微创性的调控。这些技术可以被用于操纵特定的神经通路或脑区，以研究并行感官输入对认知神经网络的影响。通过神经调控技术，我们可以观察大脑在不同感官输入条件下的活动变化，进一步揭示并行处理和认知资源分配的机制。

这些新兴技术的应用为我们提供了前所未有的机会，使我们能够更加精确地研究并理解并行感官输入和认知神经科学之间的互动关系。通过结合先进的技术工具和神经科学的研究方法，我们可以更好地理解大脑在处理多个感官输入时的神经机制，进而为认知科学、神经工程和人工智能等领域的发展提供有益的见解。

2. 个体差异的考虑

认知神经科学越来越重视个体差异对认知过程的影响。研究人员逐渐认识到，每个人在处理并行感官输入和进行认知任务时，都存在着独特的认知能力和战略选择、神经结构和功能等。因此，在研究并行感官输入和认知神经科学时，考虑个体差异是至关重要的。

认知能力和战略选择差异：个体在认知任务中展现出不同的能力水平和战略选择。有些人可能在多任务处理时更具优势，而另一些人可能在特定感官输入或任务类型中表现出较强的能力。通过对个体差异的考虑，研究人员可以深入了解不同个体在并行处理和认知资源分配方面的差异，从而为个性化的认知训练和干预提供依据。

神经结构和功能差异：个体之间在神经结构和功能上存在差异，这些差异可能影响大脑对并行感官输入的处理方式。例如，个体的脑区连接模式、灰质和白质的形态特征等，都可能对并行感官输入的整合和加工产生影响。通过神经成像技术（如功能磁共振成像），研究人员可以探索个体之间的神经差异，并进一步了解这些差异如何影响大脑对并行感官输入的处理和认知过程。

情绪和注意力调控差异：个体在情绪和注意力调控方面也存在差异。不同个体可能对情绪刺激的响应不同，在注意力分配和控制上也表现出不同。这些差异可能影响个体在并行感官输入处理中的认知资源分配和效率。因此，在研究中需要综合考虑个体的情绪状态和注意力特征，以更全面地理解并行处理和认知神经科学的关系。

个体差异的考虑有助于我们更准确地解释不同个体在并行感官输入和认知任务中的表现差异，进而为个性化的认知训练和康复提供理论依据。此外，对个体差异的深入研究还有助于了解认知障碍和神经疾病的个体特征，为精准医学和个体化治疗提供指导。

3. 跨学科合作的重要性

并行感官输入和认知神经科学的研究需要跨学科的合作，结合语言学、心理学、神经科学和计算科学等领域的专业知识。这种跨学科合作在推动并行感官输入和认知神经科学研究方面具有重要的意义。

综合理解和解释：并行感官输入和认知神经科学的研究涉及复杂的认知过程和神经机制。单一学科的视角难以全面理解和解释这些复杂现象。通过跨学科合作，不同领域的专家可以共同探讨并整合不同学科的观点和方法，以综合理解并解释并行感官输入和认知神经科学的现象。

方法和技术的交叉应用：不同学科领域拥有各自独特的方法和技术，通过跨学科合作，可以将这些方法和技术交叉应用于并行感官输入和认知神经科学的研究中。例如，神经科学领域的脑成像技术可以与计算科学领域的数据分析方法相结合，从而揭示并行处理和认知神经机制。这种跨学科的方法交叉促进了研究的深入和创新。

提供多重解释和应用视角：不同学科的专家可以带来不同的理论、概念和实践经验，跨学科合作能够为并行感官输入和认知神经科学的研究提供多重解释和应用视角。这种综合视角有助于促进研究的深入和跨领域的应用发展，例如在人工智能和认知增强等领域的应用。

推动技术和应用的发展：跨学科合作可以促进不同学科领域的专家共同研发创新技术和工具，如脑机接口技术、虚拟现实系统和神经调控技术等，用于更精确地研究并行感官输入和认知神经机制。

综合而言，跨学科合作在推动并行感官输入和认知神经科学研究方面具有重要的价值。它不仅丰富了我们对认知过程和神经机制的理解，还推动了技术和应用的创新发展，为人类认知和智能领域带来新的突破和进步。

第4章 硬科学语言学与认知神经科学的交叉

4.1 认知神经科学在语言研究中的应用

认知神经科学是通过研究人类大脑在语言处理和语言认知方面的神经基础，揭示语言的本质和人类语言能力的认知机制。认知神经科学在语言研究中的应用已经十分广泛，成为语言研究领域的一个重要分支。

4.1.1 认知神经科学的基本原理和方法

认知神经科学是一门专注于探究大脑与认知之间关系的学科，随着对大脑和神经系统的深入研究，认知神经科学揭示了大脑在认知功能上的神经机制，并揭示了这些机制与我们的行为表现之间的紧密联系。通过研究大脑结构、神经回路、神经传递途径以及认知过程中的脑活动模式，认知神经科学致力于解开人类思维、知觉、记忆、语言和决策等复杂认知功能的奥秘。通过对认知过程的深入研究，我们可以更好地理解人类行为背后的神经基础，推动神经科学和心理学领域的发展，帮助人们改善认知功能和生活质量。

为了深入了解认知神经科学在语言研究中的应用，我们可以进一步探讨其基本原理和研究方法。神经元是构成神经系统的基本单元，它们通过电化学信号传递信息。在人类的大脑中，成千上万的神经元相互连接，形成了一个庞大而复杂的网络。当我们进行认知任务时，比如语言加工和理解，这些神经元形成的网络会产生特定的活动模式。通过研究这些活动模式，我们可以揭示语言加工的神经机制和大脑中相应脑区的功能。认知神经科学的研究方法主要基于观察和记录大脑的神经活动，以了解认知过程的神经基础。以下是一些常用的认知神经科学方法。

（1）fMRI。fMRI 是一种非侵入性的脑成像技术，通过测量血液氧合水平的变化来间接测量大脑活动。这一技术的发展对于理解大脑的功能和认知过程具有重要意义。

fMRI 技术的工作原理是基于一种被称为血氧水平依赖性对比（blood oxygenation level dependent，BOLD）的现象。这个现象是指当某个脑区活跃时，该区域的血液供应会增加，以满足脑细胞的能量需求。随着血液供应的增加，血液中的氧含量也会相应增加，因为氧气是被用于脑细胞能量代谢的关键成分。fMRI 技术利用这种血液氧合水平的变化来间接测量大脑活动。在进行 fMRI 扫描时，被试者被放置在磁共振成像仪中，仪器会生成一个强大的磁场。当被试者进行特定任务时，比如执行一个语言任务，特定脑区的神经活动会增加，使得该区域的血液供应增加，进而引发局部的血氧水平上升。这一血氧水平变化可以被 fMRI 仪器捕获和测量。通过对大脑不同区域的血氧水平变化进行分析，研究人员能够获得一幅具有高空间分辨率的脑图像。这些图像能够准确显示不同脑区在特定任务中的活跃程度。研究人员可以根据这些图像推断不同脑区在相关认知过程中的功能作用。利用 fMRI 技术，研究人员可以观察到大脑在语言任务中的激活模式。他们可以设计一系列与语言相关的任务，例如，通过比较听取语言和执行非语言任务时的脑图像，确定与语言加工紧密相关的脑区。这种方法使我们能够深入了解大脑如何处理和理解语言，以及不同脑区在语言加工中的特定功能和相互作用。

fMRI 技术具有许多优势，其中之一是它能够提供非常详细的空间信息，从而使研究人员能够更好地理解大脑的结构和功能。相比其他脑成像技术，如脑电图和脑磁图（magneto encephalo graphy，MEG），fMRI 能够提供更准确的脑区定位。fMRI 技术的高空间分辨率使研究人员能够将脑区的活动与特定认知过程关联起来。这种精确的脑区定位为我们提供了对大脑结构和功能的深入理解，有助于揭示不同脑区之间的相互作用和功能分布。

除了具有高空间分辨率，fMRI 技术还具有一定的时间分辨率，尽管相对于脑电图和脑磁图等其他脑电生理学方法，它的时间分辨率较低，约为数秒到数十秒，但它仍然能够提供有关大脑活动的动态信息。例如，在一项语言实验中，研究人员让被试者连续执行一系列语言任务，如阅读一段文字或一系列单词。通过在不同时间点上记录脑图像，研究人员可以观察到不同语言任务中特定脑区的活跃模式如何随时间而变化，以及脑区之间在时间上的相互作用。尽管不能提供与脑电图或脑磁图一样的毫秒级时间分辨率，但fMRI仍然能够捕捉到大脑活动的重要时序信息，这对于研究不同任务执行过程中的大脑网络动态和功能连接具有重要意义。fMRI技术的时间分辨率结合高空间分辨率，为我们提供了一种较全面的视角来理解大脑的动态功能和信息处理过程。

（2）EEG和MEG。认知神经科学还广泛应用EEG和MEG等方法来记录大脑的电活动和磁场活动。相对于fMRI，EEG和MEG具有更高的时间分辨率，能够捕捉到毫秒级别的神经活动，从而可以提供更为详细的时间信息，使研究人员能够深入探索大脑的动态过程。

EEG是一种非侵入性的脑电生理学技术，通过在头皮上放置多个电极来记录大脑神经元的电活动。当神经元活跃时，会产生微弱的电流，这些电流会传播到头皮表面，并通过电极捕获和记录。EEG技术以其卓越的时间分辨率而闻名，能够以毫秒级的精度捕捉到神经活动的快速变化。在进行EEG记录时，电极阵列会将头皮上的电位变化转化为数字信号。这些信号代表了神经元群体的活动，可以反映出大脑在不同时间点上的电活动模式。通过分析EEG数据，研究人员能够探索大脑在不同时间尺度上的动态变化，并深入理解神经活动与认知过程之间的关系。EEG的高时间分辨率使其成为研究大脑快速信息处理功能的有力工具。例如，在语言加工的研究中，通过让被试者进行特定的语言任务，研究人员可以记录和分析EEG数据，以研究大脑在不同时间段内对语言刺激的敏感性和处理方式。EEG信号在时间上的变化，可以揭示大脑在语言加工过程中的各个阶段，如语音感知、词汇处理和语义理解等，以及这些过程之间的时序关系。此外，EEG还可以用于研究脑电节律（brain oscillations）。脑电节律是指大脑电活动在特定频率范围内的周期性振荡。通过分析EEG信号中的节律成分，研究人员可以研究大脑在不同认知状态下的节律特征，并进一步推断出与注意力、记忆、意识等认知功能相关的神经机制。

MEG 是一种测量大脑产生的磁场活动的脑成像技术。当神经元活动时，会产生微弱的磁场，这些磁场可以通过放置在头皮上的传感器阵列来检测测量。MEG 技术与 EEG 类似，具有非常高的时间分辨率，能够捕捉到神经活动的快速动态变化。通过 MEG 技术，研究人员可以记录大脑中的磁场变化，从而推断出神经元活动的时序特性。与 EEG 不同的是，MEG 对磁场的检测更为敏感，能够提供更准确和稳定的信号。这使得 MEG 成为研究神经活动与认知功能时序特性的重要工具。通过分析 MEG 数据，研究人员可以研究大脑在不同时间尺度上的动态变化，并进一步探索神经活动与认知功能之间的关系。此外，MEG 还可以用于研究脑电节律的时序特性，探索不同频率节律与认知功能之间的关联。MEG 作为一种具有高时间分辨率和空间分辨率的脑成像技术，通过测量大脑产生的磁场活动，为研究神经活动与认知功能的时序特性提供了重要工具。

EEG 和 MEG 等高时间分辨率的方法，使研究人员能够更加准确地观察到大脑在执行语言任务时的精确时间过程。这些方法可以记录神经活动的毫秒级变化，为我们揭示语言加工过程中的各个阶段和信息处理的时序特性提供了依据。通过 EEG 和 MEG 的记录，我们可以捕捉到大脑对语言刺激的快速响应。例如，在语音听觉任务中，EEG 和 MEG 可以捕捉到听觉刺激呈现后数十毫秒内大脑的早期电位或磁场反应，如 N1 和 P1 成分。这些早期成分反映了大脑对语言声音特征的初步处理，并提供了语音加工的起始时刻。随着时间的推移，我们可以观察到更多的语言加工成分，如 N400 和 P600，这些成分反映了对语义和语法信息的处理以及语言理解的深入过程。此外，通过分析不同脑区的电位或磁场活动之间的相互关系，我们可以揭示大脑在语言加工过程中的信息传递和协调方式。例如，通过研究事件相关电位（event-related potentials，ERPs）或事件相关磁场（event-related fields，ERFs）的相干性，我们可以确定在不同时间段内不同脑区之间的功能连接和网络动态。这种时间上的细致观察有助于我们深入理解语言加工的时间特性，如词汇处理、句法分析和语义理解，以及大脑在这些过程中的协调和调节机制。这为我们更深入地研究大脑的功能和认知机制提供了重要的窗口，推动了认知神经科学在语言加工领域的应用。

（3）脑刺激技术。脑刺激技术通过对大脑施加特定的刺激，直接操纵脑区的活动，从而揭示其功能和作用机制，是认知神经科学研究中的重要工具之一。

经颅磁刺激（transcranial magnetic stimulation，TMS）是一种常用的脑刺激技术。它通过在头皮上放置电磁线圈来产生磁场，进而影响大脑神经元的活动。TMS 可以选择性地激活或抑制特定的脑区域，通过改变神经元的兴奋性和连接模式，研究这些区域在语言任务中的贡献。使用 TMS 进行脑刺激实验时，研究人员通常会在特定时间点上施加短暂的磁场脉冲刺激，这些刺激可以在瞬间激活目标脑区；也可以通过连续刺激来抑制目标脑区的活动。通过在特定时刻施加 TMS 刺激，并观察被试者的表现变化，研究人员可以推断出特定脑区的功能作用和神经机制。通过 TMS 技术，研究人员能够直接干预特定脑区的活动，并观察其对语言加工的影响。例如，在语言理解任务中，研究人员可以选择性地激活或抑制涉及语义理解或语音处理的脑区，以研究这些区域在词汇选择、语义加工、语音辨别等方面的作用。这种刺激—反应范式可以帮助我们验证特定脑区的功能作用，并进一步理解语言处理中的神经机制。TMS 技术的优势之一是非侵入性，它可以在不需要手术干预的情况下对大脑进行刺激。另外，TMS 还可以与其他脑成像技术（如 fMRI 和 EEG）结合使用，通过联合记录神经活动和观察刺激效果，进一步深入了解大脑的功能网络和语言加工的神经机制。

脑刺激技术的独特之处在于它可以直接干预脑区活动，通过操纵神经元的兴奋性和连接模式，进一步研究特定脑区的功能和作用机制。通过脑刺激技术和其他脑成像方法的联合应用，研究人员可以在研究中设定特定的刺激条件，并通过观察行为反应、神经活动的变化以及不同脑区之间的相互作用，来推断不同脑区在语言加工中的功能和时序特性。这种多模态的研究方法可以提供更加全面、细致的脑功能图景，帮助我们深入理解语言加工的神经机制。此外，脑刺激技术的进一步发展也为认知神经科学研究带来了新的可能性。例如，近年来出现的光遗传学技术结合 TMS，可以实现对特定细胞类型的选择性操控，从而更精细地研究不同脑区、不同细胞类型的功能和相互作用。这些创新的技术进一步拓展了我们对大脑功能的认知范围。

(4)计算神经科学的方法和理论。计算模型和神经网络模型可以模拟和解释认知过程在神经水平上的实现。这些模型基于大脑的神经元网络结构和信息处理原理,用计算方式来模拟脑部功能,以探索认知功能的底层机制。

通过建立和测试计算模型和神经网络模型,研究人员可以验证和生成关于大脑和认知之间的假设,并深入探索语言加工和其他认知功能的计算原理。这些模型可以模拟语言处理中的各个阶段,从语音识别到语义理解,以及不同脑区之间的连接和信息的传递与整合过程。通过与实际观察数据的比较和验证,研究人员能够进一步了解神经网络中各个组成部分的功能和相互作用方式。模型的构建可以基于大量的神经科学研究数据和认知实验结果,从而更准确地模拟大脑的信息处理过程。通过与实验数据的对比,研究人员可以验证模型的准确性,并进一步调整和改进模型,以更好地拟合实际观察结果。这些模型可以模拟和解释大脑中神经元的活动、信息传递的方式以及不同脑区之间的相互作用。通过模型的构建和分析,研究人员可以揭示神经网络中的关键节点和信息处理路径,进一步理解语言加工和其他认知功能的神经机制。

此外,计算模型和神经网络模型的应用还可以生成新的假设和预测,进一步促使研究人员进行实验验证。通过模型的模拟和预测,研究人员可以提出新的实验设计,以测试特定的认知理论或假设。这种交互作用在实验和模型之间形成了一个相互支持和相互验证的循环,推动了我们对大脑和认知之间关系的更深入的理解。计算模型和神经网络模型可以根据已知的神经科学知识和理论构建起来,并模拟特定的认知过程或行为。这些模型可以提供对大脑活动和认知功能的定量预测,从而帮助研究人员生成新的假设。基于这些假设,研究人员可以设计实验来验证模型的预测,进一步确认或修正认知理论。实验结果的反馈又可以用于调整和改进模型,使其更贴近实际的神经活动和认知行为。通过实验验证和模型优化的循环,我们可以逐步深化对大脑和认知之间关系的理解。模型的预测能够指导实验设计,让研究人员针对特定的认知过程或行为作出有针对性的探究。同时,实验数据的反馈也可以用于改进和优化模型,使其更加准确地模拟和解释观察到的神经活动和认知现象。计算模型和神经网络模型与实验研究相结合，为认知神经科学领域带来更多的突破和进展。

结合计算神经科学的方法和理论，认知神经科学研究得以在不同层面上进行，涵盖了从分子和细胞水平到整个脑区和网络水平的范围。这种跨层次的研究方法提供了更全面、更深入的视角，有助于帮助我们揭示大脑和认知之间的关系。在分子和细胞水平上，计算神经科学的方法使我们能够研究神经元的电活动和神经传递过程。通过模拟和建立计算模型，研究人员可以揭示神经元内部的计算机制，如离子通道的开放和关闭以及突触传递的规律。这些计算模型可以帮助我们理解神经元的工作原理，从而推断出在语言加工和其他认知任务中神经元的具体功能和相互作用方式。在整个脑区和网络水平上，计算神经科学的方法可以模拟和解释脑区之间的连接和信息传递。通过建立神经网络模型，研究人员可以模拟不同脑区之间的相互作用，揭示它们在语言加工和认知功能中的作用。这些模型可以通过考虑神经元的兴奋性和抑制性，以及突触之间的连接强度和可塑性，模拟和预测大脑在特定任务下的活动模式。这种跨层次的研究方法有助于我们更深入地理解和解释大脑与认知之间的关系。结合计算神经科学的方法和认知神经科学的实验数据，研究人员可以验证和生成关于大脑和认知之间的假设，并提出新的研究问题和方向。这种综合的研究方法推动了计算神经科学和认知神经科学领域的进步，为我们深入理解语言处理和其他认知功能的神经基础提供了更多的突破点。

总的来说，通过运用功能磁共振成像、脑电图、脑磁图、脑刺激技术以及计算模型等多种研究方法，认知神经科学为我们揭示了大脑在语言理解、产生和其他认知过程中的神经机制。这些研究成果不仅有助于我们深入理解人类的语言能力，还为语言障碍的治疗和康复提供了新的思路和方法。通过进一步探索和发展认知神经科学，我们可以不断拓展对大脑与认知之间关系的认识，推动神经科学和语言研究领域的发展，以及在认知障碍和神经系统疾病的治疗上取得新的突破。

4.1.2 认知神经科学与语言加工

认知神经科学有助于研究人员深入探索人类语言加工的各个方面。结合脑成像技术和行为实验，研究人员可以全面研究语言加工过程，包括语音知觉、词汇处理、句法分析和语义理解等多个层面。这些研究方法能够观察和分析被试者在进行语言任务时的脑部活动，从而揭示涉及不同语言任务的神经网络和认知过程。在语言加工的研究中，脑成像技术发挥了重要作用，并提供了丰富的信息。

在语音知觉研究中，研究人员可以利用 fMRI 来探索大脑中负责处理语音声音的听觉皮层区域，并进一步深入了解人类如何感知和区分语音的不同特征。这种研究方法有助于我们理解语音知觉的机制和过程。通过 fMRI 技术，研究人员能够观察到在进行语音任务时听觉皮层区域的活动情况，涉及音高、音调、语音音素等语音特征的处理和分辨。通过分析这些活动的模式和强度，研究人员能够推断出大脑在语音知觉中所起的作用。这种研究方法不仅对于理解语音知觉有着重要意义，还对揭示语音障碍和听觉处理异常的机制具有重要价值。通过比较正常人群和语音障碍患者在语音知觉任务中的脑部活动差异，研究人员可以进一步了解语音障碍的神经基础，并为相关康复措施的设计提供指导。此外，语音知觉研究还有助于我们对多语言的加工和跨文化差异的理解。通过比较不同语言背景的被试者在语音任务中的脑部活动，研究人员可以揭示不同语音系统对于语音知觉的影响，进一步探索语言多样性的神经机制。

除了语音知觉，fMRI 还可广泛应用于其他语言加工过程的研究，如词汇处理、句法分析和语义理解等。通过分析脑部活动的空间和时间模式，研究人员可以揭示不同语言任务所涉及的神经网络，并进一步探索这些网络在不同任务中的协同作用和功能分配。在词汇处理研究中，fMRI 可以帮助研究人员确定涉及词汇选择和检索的大脑区域。通过观察这些区域的活动，研究人员可以了解词汇加工的神经机制，包括词汇访问、词汇选择和语义关联等方面。这有助于我们理解人类如何存储和组织词汇，并揭示语言障碍中与词汇处理相关的问题。在句法分析方面，fMRI 可以帮助研究人员确定负责处理语法结构的脑区。通过观察这些区域的活动，研究人员可以了解到句法分析的神经基础，包括短语结构分析、语法规则应用和句法依存处理等方面。这有助于我们了解人类如何理解和组织语法正确的句子，并研究语法障碍的神经机制。此外，在语义理解研究中，fMRI可以帮助研究人员确定参与语义处理的大脑区域。通过观察这些区域的活动，研究人员可以了解到语义理解的神经机制，包括词义理解、语义关系和上下文处理等方面。这有助于我们理解人类如何从语言中获取信息，并揭示语义障碍的神经基础。

除了脑成像技术，行为实验也是研究语言加工不可或缺的重要手段。通过设计多种类型的语言任务，例如词汇判断、语法分析或语义理解任务，研究人员可以详细观察被试者在处理语言时的行为表现和反应时间。这些实验可以揭示被试者在不同语言任务中的认知策略和信息处理方式。通过行为实验，研究人员可以获取一系列关键数据，如正确率、反应时间和错误类型等。这些数据能够提供有关被试者语言加工能力的详细信息，帮助研究人员了解特定语言任务的执行过程。同时，通过比较被试者在不同任务中的行为表现，研究人员能够探索语言加工过程中不同认知阶段的差异和相互关系。

将脑成像数据与行为实验结果结合起来，研究人员可以进一步推断特定脑区在语言加工中的功能和认知过程。通过分析脑成像图像与行为数据之间的关联性，研究人员可以建立起行为结果与神经活动之间的联系。这种多模态数据的综合分析有助于揭示语言加工的神经机制和认知基础。这种综合研究方法有助于加强我们对语言能力的认识，并为语言教育、康复和语言技术的发展提供有益的指导和应用前景。

4.1.3 认知神经科学在语言习得和处理中的应用

在研究语言习得和处理时，认知神经科学提供了有价值的洞察。

（1）在语言习得方面，认知神经科学的研究为深入了解儿童语言学习过程提供了方向。通过运用神经成像技术，研究人员能够观察到儿童在语言习得过程中大脑活动的变化，并揭示与语言习得相关的神经机制。例如，他们可以研究儿童在接受语言刺激时，大脑的听觉皮层和语言区域的激活情况，以及这些活动与语言习得进程的关联性。这些研究有助于我们理解儿童在语音、词汇和语法等方面的语言发展，并为优化儿童语言学习提供了理论基础和实践指导。

除了揭示儿童语言习得的神经机制，这些研究结果还对于发展儿童语言教育和干预方法具有重要意义。通过了解儿童语言习得过程中的大脑活动和发展轨迹，教育者和干预专家可以根据儿童的个体差异和发展阶段，制定有效的语言学习策略和培养方法。此外，这些研究成果还可以为语言障碍的早期诊断和治疗提供依据，促进儿童语言发展的良好起步。同时，研究人员还可以探索不同语言环境对语言习得的影响，以及遗传和环境因素在语言习得中的相互作用。

在语言听取任务中，研究人员可以使用 EEG 技术来记录儿童在听取语言时的脑电活动，通过分析儿童的事件相关电位，了解儿童对于不同语音和语言特征的感知和加工方式。这有助于我们理解儿童如何从环境中接收语言输入，并逐渐形成语音知觉和语音辨别的能力。同时，利用 fMRI 技术，研究人员可以探索儿童在进行语法分析任务时大脑中负责语法处理的区域是否与成年人相似，以及这些区域的活动模式是否与语法习得的阶段性发展相关。此外，研究人员还可以观察儿童在进行词汇处理任务时涉及的脑区的活动，揭示儿童在词汇习得过程中的神经基础。

（2）除了观察儿童在语言习得过程中的脑部活动，研究人员还可以通过脑成像技术观察脑结构的变化，这是研究语言发展的另一个重要方面。语言习得过程中的脑结构变化涉及脑区的灰质密度和白质纤维的连接模式等方面。通过了解这些结构变化与语言发展之间的关系，研究人员可以揭示大脑的可塑性和适应性，以及语言习得的神经基础。使用脑成像技术，如结构磁共振成像（sMRI）和弥散张量成像（DTI），研究人员可以观察儿童在语言习得过程中的脑结构变化。例如，他们可以测量儿童的灰质密度，了解不同脑区在语言习得过程中的发展情况。此外，研究人员还可以使用 DTI 技术来研究儿童白质纤维的连接模式，以揭示不同脑区之间的连接发展与语言习得的关系。

研究人员通过比较不同年龄段的儿童和成年人的脑结构，可以发现语言习得过程中的脑区结构变化。例如，语言习得过程中涉及的语音区、语法区和语义区等脑区可以经历灰质密度的变化，这可能反映了神经元的增长和突触连接的优化。此外，白质纤维的连接模式也可能发生变化，这可以促进不同脑区之间信息传递的效率和准确性。通过研究脑结构的变化，研究人员可以深入了解语言习得过程中大脑的可塑性和适应性。对这些结构变化的理解有助于我们探索语言习得的神经基础，以及儿童在语言发展中的个体差异。此外，这些研究成果还可以为语言发展障碍的诊断和干预提供重要依据，同时为设计教育和康复策略提供指导。

（3）研究人员还探索了语言环境对语言习得的影响，这也是语言发展研究的另一个重要方面。他们比较了不同语言背景和文化环境中儿童的语言习得过程，并研究了语言环境对儿童语言能力发展的影响。通过观察不同语言环境中的儿童的神经活动和脑结构变化，研究人员可以了解语言输入对儿童语言习得的作用，进一步揭示语言环境对语言习得的重要影响。研究人员可以比较不同母语的儿童在语音、词汇和语法等方面的语言习得差异。

此外，研究人员还可以通过观察不同语言环境中儿童的脑结构变化来揭示语言环境对语言习得的影响。他们可以使用脑成像技术，如 fMRI 和 sMRI，比较具有不同语言背景的儿童之间的脑区结构差异，通过分析脑结构的变化，探索其与语言习得之间的关联。这些研究成果对于我们理解语言环境对儿童语言习得的影响至关重要，可以帮助我们了解语言输入如何影响儿童的语言能力发展，并揭示不同语言环境中的语言习得模式和策略。此外，对语言环境影响的深入理解还有助于设计有效的教育和干预方案，以促进儿童的语言习得和发展。

（4）认知神经科学揭示了成人学习第二语言时的大脑机制。研究表明，成人学习第二语言时，新的大脑区域会被激活，进一步揭示了第二语言习得的独特过程。这些区域包括前额叶皮质和顶叶皮质，它们在语音、语法和词汇的处理中发挥着重要作用。

首先，在第二语言的学习中，前额叶皮质被认为参与了注意力控制、工作记忆和语言切换等关键认知功能（见图2）。成人学习第二语言时，需要更加努力地调节注意力和抑制干扰，以便识别和理解新的语音和语法结构。前额叶皮质的活动增加可能反映了这种认知控制的

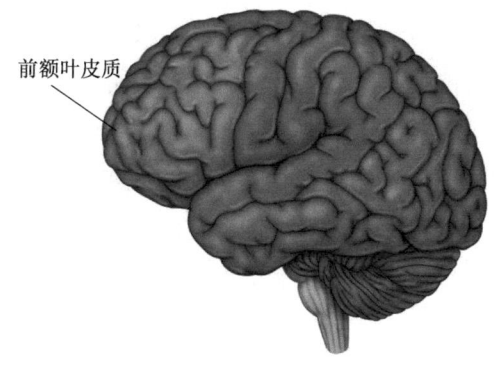

图2 前额叶皮质

需求加强。具体而言，前额叶皮质的注意力控制功能在第二语言学习中起着重要作用。学习者需要将注意力集中在新的语言输入上，并过滤掉干扰。这种注意力调节对于辨别语音差异、理解复杂的语法规则以及注意到语言中的细微变化至关重要。工作记忆是在短期内保持和处理信息的能力，对于学习新的词汇、语法规则和语言结构至关重要。在第二语言的学习中，学习者需要不断地操练和运用新学到的知识，而前额叶皮质的活动增加可能反映了其在维持工作记忆中的重要作用。语言切换也是第二语言学习中的一个挑战。在双语环境中，学习者要根据语境和沟通需要灵活地切换语言。这涉及前额叶皮质在不同语言之间的协调作用和抑制干扰的能力。进一步研究前额叶皮质在第二语言习得中的功能和作用，有助于我们深入理解第二语言学习的神经基础，并为开发更有效的语言学习策略提供指导。

其次，顶叶皮质在第二语言习得过程中也扮演着重要角色（见图3）。顶叶皮质参与了语音、语法和词汇的处理和整合，帮助我们理解和产生语言。研究发现，成人学习第二语言时，顶叶皮质的激活模式与母语学习时不同，表明了第二语言学习过程中的独特神经机制。这可能与第二语言的语音和语法结构有关，需要额外的认知资源和处理策略。在语音处理方面，

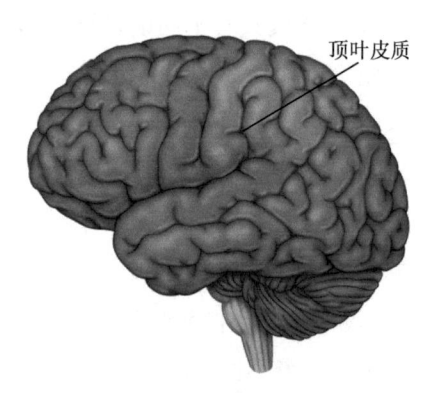

图3 顶叶皮质

顶叶皮质在第二语言学习中扮演着重要角色。学习者需要辨别和区分第二语言中与母语不同的音素和音节，以便正确理解和发音。顶叶皮质的活动增加可能反映了学习者在感知和区分第二语言的声音特征时的需求加强。这可能涉及对第二语言的声音模式进行调整和适应，以及对第二语言的语音特征进行记忆和加工。在语法处理方面，顶叶皮质的参与也是关键的。学习第二语言时，学习者需要掌握新的语法规则和结构，以便正确组织和表达意思。顶叶皮质的活动增加可能反映了学习者在处理第二语言的语法信息时的额外认知负荷。这可能包括对语法规则的记忆和应用、对句子结构的解析和理解等认知过程。此外，顶叶皮质也参与词汇处理。学习第二语言需要扩大词汇量

并建立新的词汇联系。顶叶皮质的活动增加可能反映了学习者在记忆和检索第二语言词汇时的额外认知努力。这可能包括对词汇的学习和记忆策略的调整，以及在多语言环境中进行词汇选择和使用的灵活性。

了解成人学习第二语言时的大脑机制对于设计更有效的第二语言学习方法和培训计划至关重要。通过深入研究这些激活区域的功能和相互关系，我们可以开发出更有针对性的训练策略，帮助学习者克服第二语言学习过程中的难题。例如，通过针对前额叶皮质的训练，可以提高学习者的注意力控制和语言切换能力，从而加速第二语言的学习进程。同时，利用顶叶皮质在第二语言习得中的作用，可以设计特定的语音、语法和词汇训练，帮助学习者更好地理解和使用第二语言。此外，通过比较不同语言的语音、语法和词汇处理机制，我们可以发现其共通的认知机制，使学习者能够应用已有的语言知识和技能，更快地掌握新的语言。这种跨语言的迁移能力不仅有助于学习者的语言习得，还有助于培养他们的语言灵活性和跨文化交流能力。因此，通过深入研究成人学习第二语言时的大脑机制，我们可以为第二语言学习者提供更有效的训练方法和培训计划，促进他们的语言习得和跨文化交流能力的提升。这对于促进人们多语言能力的发展和提高语言学习效果具有重要意义。

（5）认知神经科学的研究还揭示了更多关于语言处理的神经基础。通过分析大脑在理解和生成语言时的活动，我们可以深入了解大脑中不同区域的功能和相互作用。这些研究为我们提供了关于语言加工的细节和机制。

研究表明，语言理解是一个复杂的过程，涉及多个大脑区域的协同工作。其中布洛卡区（Broca's area）和韦尼克区（Wernicke's area）是最知名的两个区域。布洛卡区位于大脑的额叶前部，与语法分析和语音产生有关。它被认为在句子结构的处理和语言生成中发挥着重要的作用。研究发现，当我们构造复杂的语法结构或者表达自己的思想时，布洛卡区的活动会增强。它的功能与语法规则的处理和动词形态的生成密切相关。与布洛卡区相邻的是韦尼克区，位于大脑的颞叶。韦尼克区负责语义理解和词汇的处理。这个区域在我们理解和处理语言中起着关键的作用。研究发现，韦尼克区的损伤可能导致理解语义和组织流畅语言的困难。它的功能包括对词汇的存储和检索，以及对句子的意义进行综合和理解。布洛卡区和韦尼克区（见图4）之间的连接和相互作用被认为是语言处理的关键。这两个区域之间的信息传递和协调是我们能够顺利理解和表达语言的基础。这种连接通路被称为弧（arcuate）纤维束。研究表明，弧纤维束的完整性和功能对于语言的正常加工至关重要。此外，随着技术的发展，如fMRI和EEG，我们能够更加详细地观察到大脑在语言加工过程中的动态活动。这些技术使研究人员能够追踪不同大脑区域的激活模式，揭示更加细致的语言加工机制。

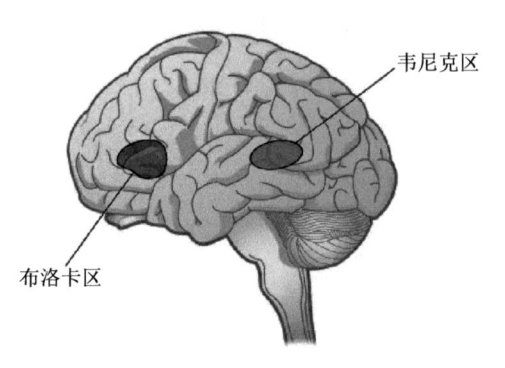

图4 布洛卡区和韦尼克区

　　此外，研究还发现，大脑的左半球在处理语言任务时更为活跃，这被称为左侧优势。左侧优势指的是大多数人在语言加工方面主要依赖左脑半球。这种优势在语音、语法和词汇处理等方面都有所体现。通过神经成像技术，研究人员观察到在进行语言任务时，大脑的左侧半球显示出更强的神经活动。这一现象被认为与语言加工相关的大脑区域在大脑左侧半球更为突出有关。左侧半球的布洛卡区和韦尼克区等区域在语言加工中起着重要作用。这一发现对于探究语言障碍（如失语症）的原因提供了重要线索。例如，在某些情况下，损伤或异常活动导致了大脑左侧语言区域的受损，这可能会影响语言的组织和理解能力。通过深入研究大脑左侧优势以及与之相关的大脑机制，我们可以更好地了解语言障碍的发生机制，并为开发相应的治疗方法提供理论依据。此外，了解大脑左侧优势对于语言学习和教育也具有重要意义。通过充分利用大脑的左侧优势，我们可以设计更有效的语言学习策略和教学方法，以帮助学习者更好地掌握语言技能。总的来说，大脑左半球在处理语言任务时显示出左侧优势，这为我们探究语言障碍的原因提供了线索，并为相关治疗方法的开发奠定了基础。

　　综上所述，通过认知神经科学的研究，我们对于语言处理的神经基础有了更深入的了解。布洛卡区和韦尼克区等大脑区域在语言理解和生成中扮演着重要角色。同时，我们也认识到大脑的左半球在语言任务中的活跃性，这为我们解析语言障碍的机制以及制定相关治疗方案奠定了基础。这些发现为我们在语言习得和处理方面提供了指导，并有助于推动语言教育和临床实践的发展。

4.1.4 多语言处理研究

多语言处理是语言研究中一个引人注目的领域，而认知神经科学为我们提供了全新的视角，以便更好地理解多语言加工的复杂性。研究人员通过比较不同语言之间的脑活动和认知过程，揭示了语言之间的共享机制和区别，有利于进一步深入探索语言切换和双语加工的神经基础。

通过神经成像技术，如 fMRI 等，研究人员可以观察多语言处理过程中的脑活动，从而揭示语言加工的神经机制；可以比较在执行不同语言任务时特定脑区的激活情况，以确定多语言加工中共同的和独特的神经机制。这种研究方法帮助我们理解语言共享机制，即不同语言之间共享的通用认知处理机制。例如，研究人员可以探索在处理不同语言时共同激活的脑区，这些脑区可能涉及注意力、工作记忆和执行控制等通用的认知功能。通过观察这些共享机制的活动，我们可以深入了解多语言加工的通用认知基础，以及人类在不同语言之间切换和处理的能力。同时，研究人员也致力于研究特定语言之间的差异。不同语言在语音、词汇和语法等方面存在着不同的特征和处理方式。通过比较不同语言之间的脑活动模式，研究人员可以揭示这些差异所涉及的神经机制。例如，他们可以研究在特定语言的语音处理过程中被激活的脑区，以及不同语言之间词汇和语法处理的差异。这些研究有助于我们更全面地理解不同语言的加工方式，以及语言间的神经基础差异。

研究人员还可以比较人们对不同语言的语音知觉、词汇处理和语义理解等认知过程，以揭示多语言加工的复杂性和多样性。在语音知觉方面，研究人员可以比较多语言使用者对不同语言声音的神经响应，以了解其对不同语言的声音辨别和区分能力。通过记录脑部活动，如 EEG 和 fMRI，研究人员可以观察到多语言使用者对于母语和非母语语音的感知差异。这些研究有助于我们理解语音知觉的跨语言差异和语言特异性。此外，研究人员还可以比较多语言使用者在词汇处理和语义理解方面的脑部活动。例如，通过观察多语言使用者对于不同语言词汇的加工过程，研究人员可以了解词汇的语言特异性和语言之间的相互影响。通过这些比较研究，我们可以深入了解多语言使用者在语音知觉、词汇处理和语义理解等认知过程中的神经基础。这有助于我们理解多语言加工的普遍机制和不同语言的特征。同时，这些研究结果还为多语言教育、语言治疗和跨文化交流提供了有益的应用价值，促进了多语言使用者的语言发展和交际能力的提升。

另外，研究人员还对语言切换和双语加工的神经基础进行了深入研究，这为我们理解多语言加工的复杂性提供了重要洞察。语言切换是指在多语境中灵活转换语言的能力，而双语加工则指同时使用两种语言进行处理和理解的能力。通过观察双语者在语言切换和执行双语任务时的脑活动，研究人员可以揭示这些过程的神经机制。例如，他们可以研究前额叶皮层和大脑半球之间的交互作用，以及双语者在不同语言之间切换和排除语言干扰方面的表现。研究人员发现，前额叶皮层在语言切换过程中起着重要作用，它参与到注意控制、工作记忆和冲突监测等认知功能的调控中。此外，研究还表明，大脑半球之间的协调与语言切换和双语加工密切相关。通过这些研究，我们可以更全面地了解双语者在语言切换和双语加工过程中的脑部活动和认知机制。这有助于我们理解双语者如何有效地在不同语言之间进行切换和控制，并且为双语教育和多语境环境中的交流提供指导。此外，这些研究还有助于揭示认知灵活性和控制机制在语言加工中的作用，为我们深入理解人类大脑的可塑性和适应性提供重要线索。

通过对多语言加工的神经基础进行深入研究，我们可以更好地理解多语言处理的复杂性和个体差异。这有助于推动多语言教育和跨文化交流领域的发展，并为语言教学和干预提供更准确的指导。此外，这些研究成果还为神经可塑性和认知控制的理解提供了重要见解，对不同语言环境下的脑发育和学习过程有着深远的意义。

4.2 硬科学语言学与认知神经科学的关联

4.2.1 并行感官输入理论与认知神经科学的联系

研究表明，当我们处理语言时，大脑的多个区域在同时接收和处理多种感官输入。在语言处理中,我们的大脑不仅仅依赖于听觉和视觉输入,还利用了其他感官通道,例如触觉和嗅觉。这种多感官输入的并行处理进一步加强了我们对语言的理解和表达能力。例如,当我们听他人说话时,听觉输入提供了语音和语调等重要信息,视觉输入也起到了关键作用,人们的面部表情、眼神和身体姿势能够传达额外的情感和语义信息。当一个人说话时带有微笑表情,我们倾向于将其解读为友好或愉快的语气。相反,紧皱的眉头和紧张的身体姿势可能暗示着说话者紧张或不满的情绪。手势也是非常重要的非语言交流方式。人们常常用手势来补充语言信息,强调重点或者表达特定的意思。例如,一个人可能用手势指向某个物体来说明他的意思,或者通过手势的大小和速度来表达一定的情感色彩。这些手势和身体语言可以提供额外的上下文信息,有助于我们更好地理解说话者的意图和情感状态。此外,大脑还利用触觉和嗅觉等感官通道来辅助语言处理。触觉输入,如握手、拥抱或者轻拍肩膀等,能够传达情感和亲密度;嗅觉输入则与记忆和情感紧密相连,某些气味可能唤起特定的记忆或情感,这些记忆和情感可以影响我们对语言的理解和解释。因此,语言处理不是仅依赖于听觉输入,而是大脑多个区域在同时接收和处理多种感官输入。这种多感官的并行处理使我们能够更全面地理解和解释语言,增强了人际交流和沟通的能力。

并行感官输入理论和认知神经科学相互关联,共同探索了大脑在处理多个感官输入时的神经机制和认知过程。通过综合研究结果,我们可以更深入地理解语言加工的复杂性,并且为相关领域的发展提供理论和实践的基础。

4.2.2 并行感官输入与脑神经机制的相关性

并行感官输入是人类感知系统中的一个重要特征,它为我们提供了丰富、多样的感知体验。在日常生活中,我们面对着各种感官刺激,如触摸物体的纹理、闻到花香、听到音乐、尝到美食等。这些感官输入几乎同时传递到我们的大脑中,然后通过神经信号的传递和处理,最终被整合成一个统一的感知体验。认知神经科学的研究致力于探索并理解并行感官输入与脑神经机制之间的相关性。通过使用先进的神经影像技术和神经生理学手段,研究人员得以深入研究大脑在并行感官输入过程中的活动模式和信息处理机制。

在多感官整合的研究中，科学家们不仅仅观察到大脑中不同感官区域之间的相互作用，还发现了一些神经机制和原则，这些机制和原则有助于解释并行感官输入是如何被整合和处理的。一种重要的神经机制是神经可塑性。神经可塑性是指大脑神经元之间连接的可变性和适应性。在多感官整合中，不同感官通道的输入会引发大脑中相应区域的结构变化。这意味着神经元之间的连接会发生改变，以适应并整合来自不同感官通道的信息。通过长期的感官输入和训练，神经可塑性使大脑能够更好地处理并行感官输入，提高感知的准确性和效率。另一个相关的原则是时空整合。大脑中的感官区域在整合并行感官输入时，需要考虑到不同感官通道输入的时序和时空关系。例如，在观看电影时，大脑需要将视觉和声音的输入正确地匹配起来，以形成一致的感知体验。这种时空整合要求大脑对感官输入的时间差和相对位置进行处理和调整，以保证信息的一致性和整合性。

此外，注意力的调控也对并行感官输入的整合起着重要作用。大脑在处理多个感官输入时，需要选择性地关注重要的刺激，并排除其他不相关的信息的干扰。这种选择性注意力的调控机制可以帮助大脑在众多感官输入中筛选出关键的信息，从而更好地整合并解释感知体验。通过研究注意力在多感官整合中的作用，可以解释大脑是如何动态地调整注意力资源来适应不同感官输入的优先级和相关性的。这种注意力机制在感知过程中起着关键作用，使我们能够集中注意力于最重要的刺激。通过眼动追踪和RMRI等技术，研究人员可以研究大脑在处理多个感官输入时的注意力分配和调节机制，从而揭示注意力对并行感官输入的影响。

大脑中的多个区域参与并行感官输入的处理过程。这些区域之间通过神经纤维建立连接，形成一个复杂的神经网络。通过使用脑成像技术和神经电生理学方法，研究人员可以探索这些区域之间的信息传递和集成机制。例如，来自视觉通道的信息可能会通过神经纤维传递到听觉区域，从而影响我们对声音的感知和理解。这种跨感官通道的信息传递和集成是实现并行感官输入的重要基础。通过深入研究并行感官输入与脑神经机制的相关性，我们能够更好地理解大脑在多个感官输入下的信息处理、整合和感知机制。这对于认知科学、神经科学以及相关的医学和技术领域具有重要的意义。在临床应用上，这些研究成果有助于改善多感官障碍的诊断和治疗，为设计更有效的康复方案提供指导。在技术应用上，对并行感官输入的深入了解有助于虚拟现实、增强现实和人机交互系统的发展，从而提升用户体验和交互效果。

4.3 未来的研究方向和挑战

4.3.1 发展整合认知神经科学和硬科学语言学的方法

为了更好地理解语言与脑的关系，发展整合认知神经科学和硬科学语言学的方法至关重要。认知神经科学研究了语言处理和认知过程在大脑中的神经基础，而硬科学语言学则关注语言结构和语言规则。将这两个领域的方法和理论整合起来，可以提供更全面的语言与脑的研究框架。

（1）在语言与脑的研究中，大规模数据分析和机器学习技术的应用有助于更深入、更准确地理解语言与脑之间的关系。首先，大规模数据分析可以帮助我们发现语言加工中的统计特征和规律。研究人员可以通过计算和统计分析大量的语言行为数据，例如语料库数据、语音数据和眼动数据等，来揭示语言结构和语法的规律。这些数据可以用于构建语言模型和算法，进而帮助我们理解语言加工的基本原理。通过机器学习技术，我们可以发现隐藏在数据中的模式和关联，从而对语言加工进行更全面和准确的解释。其次，机器学习算法在语言与脑的研究中也发挥着重要作用。通过将机器学习算法应用于神经成像数据的分析，例如 fMRI 和 EEG 数据，可以识别出与语言加工相关的脑活动模式，从而推断出语言处理的神经基础。这种数据驱动的方法可以帮助我们建立更精确的语言与脑之间的连接，从而进一步加深人们对语言加工的理解。

此外，机器学习技术还可以应用于语言与脑之间的关联研究中的个体差异和文化差异等方面。通过对大规模数据的分析，我们可以探索不同个体和不同文化背景下的语言加工模式和变化，这有助于我们理解个体差异对语言加工的影响，以及文化因素对语言处理的作用。机器学习算法可以帮助我们发现这些个体差异和文化差异背后的模式和规律。然而，大规模数据分析和机器学习技术的应用也面临一些挑战。首先，数据的质量和可靠性是一个关键问题。确保数据的准确性、一致性和标准化对于得出可靠的研究结果至关重要。其次，算法的选择和优化需要考虑到不同的研究问题和数据特点。选择合适的算法可以提高研究的效率和准确性。最后，隐私和伦理问题也需要在数据收集和使用过程中予以充分考虑。

（2）定量和计算模型在语言与脑研究中的应用具有重要意义。通过建立数学模型及计算模型来描述和模拟语言加工的过程，我们可以更系统地理解语言与脑的关系，并揭示其背后的机制和神经基础。这些模型可以基于认知神经科学和硬科学语言学的理论，通过数值计算和模拟实验，帮助人们深入研究语言加工的过程。

一种常见的定量方法是使用计算模型来模拟语言加工的过程。这些模型通常基于计算机科学和人工智能技术，以及针对语言加工过程的认知神经科学理论。通过构建这些模型，研究人员可以利用编程和模拟实验来探索语言加工的机制。这些模型可以模拟从语音识别到语义理解的各个阶段，并通过数值计算来解释和预测人类的语言行为。

定量方法和计算模型的应用使得语言与脑的研究能够从单纯的描述性分析转向更具预测性的理论发展。通过建立模型并进行模拟实验，研究人员可以提出关于语言加工机制的具体假设，并验证这些假设的预测能力。这种基于定量方法和计算模型的研究方式，不仅可以提高研究的可验证性，还可以使研究结果更具解释性。通过模型的输出和计算结果，研究人员可以更清晰地了解语言加工的过程，发现其中的规律和关联，从而对语言与脑的关系有更全面的认识。

另外，定量方法和计算模型的应用还可以有助于解决语言与脑研究中的一些复杂问题。语言加工是一个高度复杂的认知过程，涉及大量的信息处理和神经活动。通过建立定量模型和计算模型，研究人员可以对复杂的过程进行简化和抽象，从而更好地理解其本质。这些模型可以帮助我们识别关键因素和变量，并研究它们之间的相互作用。通过对这些模型进行实验和分析，我们可以深入研究语言加工的机制，并揭示其中的神经基础。

（3）整合多模态的数据和技术在语言与脑研究中具有重要的意义。认知神经科学和硬科学语言学采用了多种不同的数据收集技术，如脑成像、眼动追踪和语音分析等。通过将这些不同模态的数据进行整合分析，我们可以进一步探究语言加工的机制和神经基础。

一种常见的多模态数据整合方法是将脑成像技术与其他技术结合使用。脑成像技术，如 fMRI 和 EEG，能够提供有关大脑在语言加工过程中的活动模式的信息。与此同时，眼动追踪技术可以捕捉到人们在阅读或听取语言时的眼球运动模式的信息，进而揭示人们对语言输入的处理方式。此外，语音分析技术可以用于测量和分析语言的声音特征，例如音高、音强和语音流畅性等。

通过整合这些多模态的数据，研究人员可以同时观察和分析大脑在语言加工任务中的活动模式、眼球运动模式以及语音特征等。例如，通过将脑成像数据与语音分析数据进行关联分析，可以探索大脑中不同区域的活动与语音特征之间的关系，进一步揭示语言加工的神经机制和语言结构之间的联系。这种整合多模态数据的方法能够提供更加全面和准确的信息，帮助我们深入理解语言与脑之间的相互作用。

除了整合多模态的数据，整合多种技术也能够为语言与脑研究带来更丰富的视角。例如，结合行为测量和脑成像技术，研究人员可以同时考察语言加工的行为表现和大脑活动，从而获得行为与脑活动之间的关联信息。这种整合方法可以帮助我们更好地理解语言加工过程中的认知机制和神经基础。

整合多模态的数据和技术不仅可以增强对语言与脑之间相互作用的理解，还可以为相关研究提供更强有力的证据和支持，使得研究结果更具有说服力。通过结合不同数据和技术的优势，我们可以更全面地探索语言加工的复杂性，并在理论和实践层面取得更深入的进展。这种综合性的研究方法将促进我们对语言与脑之间关系的全面理解，为语言学、认知科学和神经科学领域作出重要的贡献。

（4）促进跨学科的合作对于整合认知神经科学和硬科学语言学的研究至关重要。这种合作能够促进不同学科领域之间的交流，为研究者们带来新的观点、方法和理论。

在整合认知神经科学和硬科学语言学的过程中，神经科学研究者和语言学家之间的合作至关重要。神经科学研究可以为硬科学语言学研究提供脑成像数据和技术，以支持语言结构和语义理解的研究。研究者可以使用 fMRI

等技术来探测大脑在语言加工任务中的活动模式，从而揭示语言加工的神经机制。同时，他们还可以通过 EEG 等技术来研究语言加工过程中的时间动态和 ERP，以更详细地了解大脑对语言输入的处理方式。这些脑成像数据的应用可以为硬科学语言学研究提供实证基础。

与此同时，语言学家可以为认知神经科学研究者提供详细的语言分析和理论模型。他们在语言结构、语音学、语义学和句法学等领域具有专业知识，能够深入分析语言的特征和规律。通过他们的研究，我们可以获得关于语言加工的理论模型和框架，从而加深对语言加工机制的理解。这些语言学家的贡献可以帮助神经科学研究者更好地理解和解释脑成像数据，从而得出更准确和全面的结论。

通过跨学科的合作，研究者们可以共同探索语言与脑的关系，并取得更具影响力的研究成果。他们可以共同设计实验范式（paradigms），整合不同学科的理论和方法，建立综合的研究框架。这种合作可以带来新的研究思路和方法，为语言与脑的研究领域带来新的突破。此外，跨学科合作还有助于促进研究领域的交流与发展，加强不同学科领域之间的理论对话和知识共享。

综上所述，促进跨学科的合作对于整合认知神经科学和硬科学语言学研究具有重要意义。通过神经科学研究者和语言学家之间的合作与交流，我们可以共同探索语言与脑之间的关系，推动研究领域的发展，取得更加深入和全面的研究成果。

（5）鼓励开放科学和数据共享对于整合认知神经科学和硬科学语言学的发展至关重要。开放科学涉及共享研究数据、工具和方法，有利于促进科学研究的透明度、可信度和可重复性。

首先，共享研究数据可以为不同的研究团队提供宝贵的资源。通过共享数据，其他研究者可以再次分析这些数据，进行复现性研究和比较分析。这种数据的再利用有助于验证原始研究的结果，并提供更可靠的证据来支持理论和观点。此外，共享数据还可以促进合作研究，不同的团队可以共同使用数据集进行研究，结合不同的领域专长和方法，探索语言与脑之间的关系。

其次，共享工具和方法也是开放科学的重要组成部分。研究工具和方法的共享使得其他研究团队能够使用相同的工具和方法进行研究，从而实现研究结果的可比较性。共享工具和方法还有助于促进不同研究团队之间的交流和合作，从而推动整合认知神经科学和硬科学语言学的发展。

开放科学还可以通过科学界内外的交流来促进整合认知神经科学和硬科学语言学的发展。通过公开发表研究成果、组织学术会议和研讨会，研究者们可以与其他领域的专家和学者进行讨论和交流。这种跨学科的交流和合作有助于整合不同学科的研究视角和方法，推动研究领域的发展。

最后，政策和机构的支持对于推动开放科学和数据共享至关重要。政策可以鼓励研究者共享研究数据和研究工具，并提供相关的支持和资源。科研机构可以设立数据共享平台和研究工具库，方便研究者共享和获取研究数据和工具。这样的支持将促进整合认知神经科学和硬科学语言学的合作与发展。

4.3.2 研究感观输入整合和交互机制

近年来，对于大脑中的感官输入整合和交互机制的研究受到了广泛关注，特别是对于并行感官输入的整合以及不同感官通道之间的信息处理和注意力调控机制的探索取得了令人瞩目的进展。

我们大脑的感官系统接收来自外界的多种刺激，例如视觉、听觉、触觉等刺激。这些感官通道将信息传递到大脑的不同区域，然后通过一系列的神经网络和结构进行整合和交互。研究表明，不同感官通道之间存在着密切的联系和相互作用，这些交互作用对于我们对外界环境的综合认知至关重要。

在对感官输入的整合过程中，大脑会对通过不同感官通道传来的信息进行并行处理。这意味着，大脑能够同时处理来自多个感官通道的信息，并将它们整合在一起形成一个综合的感知体验。此外，大脑中的信息处理和注意力调控机制也在并行感官输入中发挥重要作用。注意力是我们选择性地关注某些输入并忽略其他输入的过程。在多感官输入中，大脑必须调控注意力以便处理并整合来自不同通道的信息。研究表明，大脑可以通过调节注意力的分配来选择性地关注某些感官通道，以提高对特定感官输入的处理和整合效率。这种注意力的调控机制有助于我们更好地适应复杂多变的环境，并提供了对外界的更准确的感知和认知。

神经科学研究揭示了一些与并行感官输入整合和交互相关的神经机制。例如，神经元的活动模式和神经突触之间的连接强度在不同感官通道之间的信息整合和交互中起到重要的作用。研究人员还发现，在大脑的一些特定区域，存在着对多感官输入敏感的神经元群体，这些神经元可以对来自不同感官通道的信息作出高度相互关联的响应。这些神经机制为我们理解大脑中的并行感官输入整合和交互提供了重要线索。

在日常生活中，我们通过多种感官（如视觉、听觉、触觉、嗅觉和味觉）接收到大量的信息，并通过我们的大脑进行整合和处理。这种多感官整合的过程对于我们的认知和体验产生了重要的影响。

首先，多感官整合可以帮助我们形成心理意象。当我们同时接收来自多个感官的输入时，大脑会将这些不同感官的信息进行整合，从而形成一个更加综合和完整的感知体验。

其次，多感官整合还与情感密切相关。感官输入与情感之间存在着双向的关系。一方面，情感可以影响我们对感官输入的感知和解释。例如，当我们处于快乐的情绪状态时，对周围的景物的感知可能更加美好。另一方面，感官输入也可以引起情感的产生和变化。例如，听到悦耳的音乐或闻到令人愉悦的香气可以引起积极的情感体验。多感官整合在这个过程中扮演着重要的角色，因为它可以增强感官输入对情感的影响，使情感体验更加丰富和综合。

最后，多感官整合还与记忆形成和存储有关。当我们同时接收来自多个感官的信息时，这些感官输入之间的关联可以促进记忆的形成。多感官的输入能够激活大脑中多个相关的神经区域，增加了信息在大脑中储存和检索的可能性。研究表明，与单一感官输入相比，多感官整合的经历可以更好地激活大脑中的神经元，并在记忆过程中起到重要的辅助作用。

总的来说，进一步研究并行感官输入在大脑中的整合和交互机制对于我们深入理解感知和认知的基本原理具有重要意义。通过揭示不同感官通道之间的信息处理和注意力调控机制，我们可以更好地理解大脑是如何综合和整合多种感官输入，以及如何产生我们对外界环境的丰富感知体验的。这些研究不仅对于基础神经科学的发展有重要意义，也有助于应用领域，如人机交互技术、虚拟现实和增强现实等的发展与应用。

4.3.3 利用新兴技术手段深化对语言与脑之间关系的理解

随着科技的不断进步，新兴技术手段为我们深化对语言与脑之间关系的理解提供了新的机遇和挑战。这些技术的发展为语言与脑之间关系的研究开辟了全新的道路，使我们能够更全面、精细地探索语言加工和理解的神经机制。

1. 脑机接口

脑机接口是一种新兴技术。通过使用脑机接口技术，我们可以直接从大脑的电活动中获取信息，进而研究语言产生和理解的神经机制。这项技术的原理是通过在头皮上放置电极记录 EEG 信号，然后利用信号处理和机器学习算法将脑电信号转化为可理解的指令或输出。

脑机接口技术在语言研究中具有广阔的应用前景。首先，通过分析脑电信号，研究人员可以探索大脑在语言加工过程中的时间动态。例如，他们可以观察到不同语言层次（如语音、语法、语义）在不同时间段内的脑电活动模式，从而了解语言信息在大脑中的传播和处理过程。其次，脑机接口技术还有助于研究语言理解和产生的神经连接模式。通过分析大脑不同区域之间的相互作用和同步性，我们可以找出语言加工过程中涉及的神经网络。例如，当被试者阅读或听取语言材料时，脑机接口技术可以帮助我们观察到被试者不同脑区之间的信息传递和协调，从而进一步了解语言加工的神经机制。

此外，脑机接口技术在开发基于大脑活动的语言识别和翻译系统方面也具有潜力。通过建立脑电信号和语言特征之间的关联模型，可以实现从大脑电信号中识别和解码出特定语言信息的能力。这为以脑机接口为基础的无声语音沟通、脑控辅助翻译等应用提供了可能性。

然而，脑机接口技术仍然面临一些挑战。首先，脑电信号的分辨率和噪声干扰问题仍然存在，限制了我们对脑活动的准确解读。其次，脑机接口技术的使用依赖于特定的实验环境和设备，需要进一步改进和优化，以提高其可靠性和适用性。最后，伦理和隐私问题也需要被认真考虑，确保脑机接口技术的应用在符合伦理和法律标准的前提下进行。

在未来的研究中，我们可以进一步发展和改进脑机接口技术，解决上述挑战，以更好地研究语言加工的神经机制，并推动脑机接口在语言识别和翻译等领域的应用。同时，我们也需要加强对脑机接口技术的伦理和社会影响的研究，确保其应用的可持续性和可接受性。

2. 虚拟现实

另一种新兴技术是虚拟现实，它可以模拟真实的环境和情境。利用虚拟现实技术，我们可以研究语言在不同情境下的处理方式，以及大脑如何适应和调整语言加工策略。

虚拟现实技术通过创建逼真的虚拟场景，使参与者能够身临其境地体验各种语言交互和沟通的情境。例如，研究人员可以设计虚拟语言对话情景，让参与者与虚拟角色进行对话，观察他们在虚拟环境中的语言行为和反应。这种技术能够提供一种控制实验条件的方法，使研究者能够更好地了解语言在真实情景中的处理方式。

通过虚拟现实技术，我们可以研究语言在不同情境下的适应性和灵活性。例如，可以让参与者置身于一个多文化交流的虚拟环境中，观察他们如何调整自己的语言使用和交流策略来应对不同文化背景的交流伙伴。

此外，虚拟现实技术还可以模拟语言学习和语言康复环境。例如，通过创建虚拟语言学习环境，可以让参与者在虚拟现实中学习和练习外语，与虚拟角色进行对话练习，以提高语言学习的效果和体验。同样，对于语言康复的研究，虚拟现实技术可以提供一种安全和可控的环境，让康复者在虚拟世界中进行语言恢复训练，以促进康复效果。

然而，虚拟现实技术在语言研究中也面临一些挑战。首先，虚拟环境的真实性和沉浸感对于研究结果的可靠性和有效性至关重要。确保虚拟环境能够准确地模拟真实世界的情境和语言交互场景，是虚拟现实技术所面临的首要挑战。技术需要得到进一步改进和创新才可以提高虚拟现实的逼真程度，增加参与者的沉浸感和体验感。其次，虚拟现实技术的成本和设备要求也是一个限制因素。

总的来说，虚拟现实技术为语言研究提供了全新的可能性和视角。通过模拟真实情境，我们可以深入探究语言加工的复杂性和适应性，以及语言在不同环境中的应用。随着技术的不断进步，虚拟现实将在语言研究领域发挥越来越重要的作用。

3. 机器学习和人工智能

机器学习和人工智能技术也为研究语言与脑之间关系提供了新的机遇。通过使用大规模的语言数据和深度学习算法，我们可以建立更精确的语言模型，揭示语言在大脑中的表示和处理方式。

机器学习和人工智能技术在语言研究中的应用是广泛的。首先，通过分析大量的语言数据，我们可以建立统计模型和深度学习模型，以预测语言的结构、语义和语用等方面。这些模型可以帮助我们理解语言在大脑中的表现方式，揭示语言加工过程中的关键特征和模式。

其次，机器学习和人工智能技术可以用于语言识别和理解的任务。通过训练模型，我们可以使计算机具备理解和解释语言的能力。例如，通过自然语言处理技术，我们可以构建智能对话系统，使计算机能够与人类进行自然而流畅的交流。这种技术的发展不仅为语言学习和人机交互提供了新的途径，还可以为语言和脑研究提供重要的工具和方法。

另外，机器学习和人工智能技术也可以与脑成像技术结合。通过将脑成像数据与机器学习算法相结合，我们可以挖掘脑活动中与语言加工相关的特征和模式。这种交叉研究有助于建立更准确的语言模型。

然而，机器学习和人工智能技术在语言与脑之间关系的研究中仍面临一些挑战。首先，数据的质量和多样性对于建立准确的语言模型至关重要。需要大规模的、高质量的语言数据集，并保证语言的多样性和复杂性。其次，解释机器学习和人工智能模型的决策过程和内在机制也是一个重要的问题。我们需要更好地理解模型如何从数据中学习，并将其与脑的工作方式相联系。

综上所述，机器学习和人工智能技术为语言与脑之间关系的研究提供了新的机遇和挑战。通过深入挖掘语言数据和应用先进的算法，我们可以更好地理解语言在大脑中的处理方式，从而推动语言学和认知神经科学领域的发展。随着技术的不断发展，我们有理由期待这些技术在语言与脑之间关系研究中的广泛应用和重要贡献。

第 5 章 并行感官输入与心理意象的相关性

心理意象作为一种认知过程，在语言学习和理解中扮演着重要角色。通过将认知神经科学的视角与心理意象相结合，我们可以更好地理解并行感官输入在语言认知中的作用，以及心理意象与认知神经科学之间的交互关系。

5.1 心理意象的定义和功能

5.1.1 心理意象的定义

心理意象是指在个体的大脑中创造出来的图像或感觉，这些图像或感觉可以在没有外部刺激的情况下产生。它是一种内部生成的心理体验，通过想象力在大脑中形成。心理意象可以是视觉图像、声音、味道、触感等感知元素的模拟，也可以是与情感、情绪和记忆相关的体验。"心理意象"一直被认为是心理活动理论的核心，并在哲学领域和早期心理学科学领域中占据主导地位。

1. 柏拉图对心理意象的探索及其对哲学领域的影响

柏拉图是古希腊哲学领域中最重要的思想家之一，他在心理意象方面的探索对后来的哲学和心理学研究产生了深远的影响。在柏拉图看来，心理意象是人类思维的基本元素，是由人的感觉和感知经验产生的。柏拉图认为，人类的感官体验和感知经验是我们对外部世界的直接接触和认知方式。这些感觉和感知经验通过我们的感官传递到我们的意识中，并在我们的思维中形成心理意象。心理意象可以是具体的形象、图像、声音、味道和触觉等感官体验的再现。通过这些心理意象，我们能够感知和理解世界。在柏拉图的哲学体系中，他将心理意象视为思维的基本元素，同时也是知识和智慧的基础。他认为人类的思维能力和智慧取决于对这些心理意象的理解和运用。通过对感官体验和感知经验的深入思考和分析，人们可以从感性的层面上升到理性的层面，从而追求智慧和真理。

柏拉图将心理意象分为两种类型：物体的物理存在和抽象概念的存在。首先，柏拉图认为心理意象之一为物体的物理存在。他认为我们通过感官体验来获得关于物体的形状、颜色、大小等信息，并且这些感官经验直接反映了外部世界的现实。当我们看到一个红色的苹果，我们的感官感知会形成一个心理意象，包括圆形、鲜艳的红色等特征。这些感觉经验基于我们对物质世界的感知和经验，它们构成了我们思维中关于外部物体存在的心理意象。这种类型的心理意象在我们的思维和认知过程中起着重要的作用，帮助我们认识和理解外部世界的存在。通过感官的反馈和感知，我们能够建立对物体特征的概念和认知模型。通过这些心理意象，我们能够区分不同的物体，了解它们的属性和功能，从而与外部世界进行交互和适应。柏拉图认为，物体的物理存在的心理意象是我们对外部世界的直接感知和认知方式，它们构成了我们对物质实在的理解和把握。这种类型的心理意象在我们的日常生活中扮演着重要的角色，帮助我们识别、理解和适应外部环境。需要注意的是，柏拉图并不认为这种物体的物理存在的心理意象具有绝对的真实性，而认为是一种对外部世界的感知和主观构建。在他的哲学体系中，物体的真实本质被认为是超越感官经验的理念世界中的形式。这引导我们进入了柏拉图的另一种心理意象的类型——抽象概念的存在。

柏拉图关注抽象概念的存在，这些概念超越了具体的感觉经验，不依赖于感官的限制。他认为这些抽象概念是人类智慧和思维能力的核心，能够引导我们超越感官世界，追求智慧和真理。在柏拉图的哲学体系中，抽象概念被看作是思维和理性的产物，它们不仅仅局限于感官所能捕捉到的具体物体和经验。这些抽象概念代表了一般性的特征和普遍性的观念，如正义、美和善等。柏拉图认为这些概念存在于人类思维中，它们是独立于具体事物的普遍真理和意义。他认为通过深入思考和探索这些抽象概念，人们能够超越感官层面的世界，逐渐获得更高层次的智慧和认知。通过这种超越，人们能够理解和体验到更深层次的现实和真理。例如，对于正义的概念，柏拉图认为它超越了具体的正义行为或正义事物，而是代表了一种普遍的道德原则和秩序。他认为通过对正义的思考和追求，人们能够理解和实践更高尚的道德行为，从而提升自己的精神境界。类似地，美和善也是柏拉图认为存在于人类思维中的抽象心理意象。通过对美的追求和对善的实践，人们能够发展自己的审美能力和道德品质，从而逐渐接近美和善的本质。

柏拉图通过他的著作《理想国》中的著名寓言，描绘了一个理想的社会和个体的发展过程。这个理想国被称为"理念的国度"或"理想国度"，是一个由智者统治的社会，追求智慧和道德的最高境界。在这个理想国度中，柏拉图设想了一个由三个阶层构成的社会结构。第一层是哲人统治者，他们是智者和思想家，拥有最高的知识和智慧。他们通过对心理意象的深入思考和理解，逐渐认识到真理和理念的存在，并以此为指导统治国家。第二层是军人阶层，他们代表勇气和战士的品质，负责国家的防御和保护。他们接受哲人统治者的指导，并将智慧和道德的原则应用于实践中。第三层是劳动者阶层，他们负责社会的物质生产和经济运作。尽管他们的社会地位较低，但他们也被要求遵循智慧和道德的准则，并为整个社会的繁荣和谐作出贡献。柏拉图认为，只有这三个阶层在理念的指导下相互配合和协调，社会才能实现最高境界的智慧和道德。他强调了智者统治者的重要性，因为他们能够通过对心理意象的深入思考和理解，引导整个社会朝着理念的目标迈进。

在柏拉图的理想国度中，社会结构和个体发展过程是相互关联的。个体的发展是通过对心理意象的培养和提升来实现的，而这个过程又受到理想国度的社会环境和价值观的影响。首先，理想国度提供了一个有利于个体发展的社会环境。在这个理念国度中，智者统治者负责指导和引导整个社会朝向智慧和道德的境界发展。他们通过对心理意象的深入思考和理解，成为社会的精神导师。他们传授智慧和道德的原则，培养个体的思维能力和道德品质。这种社会环境为个体提供了学习、成长和发展的机会。其次，个体通过对心理意象的培养和提升，逐渐超越感官层面的世界，追求智慧和道德的最高境界。柏拉图认为，个体通过对抽象概念的思考和理解，能够超越感官的局限，接触到真实的事物和理念的存在。通过不断地思考和反省，个体能够认识到物质世界的有限性，并追求更高层次的智慧和真理。同时，个体的发展也与社会的进步和发展密切相关。个体不仅仅是理想国度的成员，同时也是社会整体的一部分。个体与社会相互作用，个体的成长和发展为整个社会的进步和发展作出贡献。个体通过运用他们从对心理意象的理解和运用中获得的智慧和道德准则，参与社会事务和决策，促进社会的和谐和公正。柏拉图的理想国度强调了个体和社会的相互依存关系，个体的发展需要一个有利于心灵成长的社会环境，而社会的进步和发展也依赖于个体的智慧和对道德的追求。通过这种相互关联，个体与社会共同实现了最高境界的智慧和道德的目标。这一观点对于后来的社会理论和政治哲学产生了深远的影响，强调了个体与社会的和谐发展的重要性。

柏拉图通过寓言中的洞穴比喻生动地描述了个体在理念国度的发展过程。这个比喻强调了个体的思维和认识从感官层面的世界向智慧和真理的境界的转变。在洞穴比喻中，囚禁在洞穴中的人代表着普通人，他们对外部世界的认知受限于洞穴内的影子。这些影子象征着感官层面的世界，即物体的表面现象。这些人无法直接看到现实世界，只能通过影子来感知和理解。然而，柏拉图认为真正的智慧和真理不在于这些影子，而是存在于洞穴外的光明世界。这个光明世界代表着真实的事物和抽象的概念，超越了感官的局限。柏拉图认为，个体必须通过深入的思考和理解，从表面现象中抽离出来，逐渐认识到物质世界的有限性，并追求更高层次的智慧和真理。这需要个体摆脱对感官层面世界的依赖，接触到真实事物和抽象概念的存在。个体通过这一转变，实现了从被动接受到主动探索的转变、从感知到思考的转变。洞穴比喻激发了人们对于认识论和思维方式的思考。它引导人们思考个体对于真实世界的认知能力和局限性，以及如何通过智慧和思维的转变，达到对真理和道德的追求。这一概念对于后来的哲学家和思想家们对于人类认识能力和思维发展的探索产生了深远的影响，促进了对于知识、真理和认识的本质的研究。

柏拉图认为，只有当囚徒们能够解脱束缚，离开洞穴，并进入光明世界，才能真正认识到物质世界的有限性，并开始追求智慧和真理。这需要他们通过对心理意象的深入思考和观察，逐渐超越感官的局限，进入理念的世界。在理念的世界中，人们能够抵达真实和永恒的境界，超越个体和物质的限制。理念的世界是超越感官层面的存在，其中包含着智慧、真理和抽象概念。这个世界是不受时间、空间和个体差异的限制的，它是纯粹和完美的。进入理念的世界意味着个体的思维和认识达到了最高境界。在这个境界中，个体超越了对外界的依赖，不再受到感官的干扰和限制。他们能够直接接触到智慧和真理，抵达最高的认知状态。个体通过理念的世界，实现了对自我的完善和对智慧的追求。在柏拉图的理念国度中，个体的发展与社会的进步密切相关。个体可以通过超越感官层面的思维和认识，进入理念的世界，从而为整个社会的进步和发展作出贡献。智者作为统治者，具备智慧和道德，引领着社会走向理想国度。他们以智慧和真理为指导，建立公正和谐的社会结构，促进个体的道德和智慧的发展。柏拉图的理念国度的理念激发了人们对于自我完善、智慧和真理的思考。它提醒人们，个体的认知能力不是局限于感官层面，而是可以超越物质世界的限制，进入更高的认知境界。

通过洞穴比喻，柏拉图强调了心理意象的重要性，将其视为个体认识世界和提升思维能力的关键。他认为，通过对心理意象的深入思考和观察，个体能够超越感官层面的现象，逐渐认识到物质世界的有限性，并追求更高层次的智慧和真理。这激发了人们对抽象概念、认知过程和自我发展的研究兴趣。哲学家们开始探讨抽象概念在认识和思维中的作用，以及个体如何通过对心理意象的思考和观察来提升自身的认知能力。心理学家们关注个体的认知过程和心理意象的形成，研究如何通过认知训练和意识拓展来促进个体的智慧和自我发展。柏拉图的思想启示人们，个体的认知能力不仅依赖于感官层面的经验，还包括对心理意象的思考和观察。这一理念为后来的哲学家和心理学家提供了重要的思考框架，推动了对意识、认知和个体发展的研究与探索。

柏拉图心理意象的观点强调了心理意象在思维和智慧发展中的重要性，为后来的哲学家和心理学家提供了研究心理活动和意识的理论基础。柏拉图的思想在哲学领域激发了人们对抽象概念和理念的研究，并为后来的哲学家提供了思考问题和思维过程的重要线索。他认为心理意象超越了感官的限制，是人类智慧和思维能力的核心。柏拉图的观点在形而上学领域产生了深远的影响。形而上学研究存在的本质和实体的本质，探讨事物的本质特征和抽象概念的存在。柏拉图将心理意象视为抽象概念的存在形式，超越了感官层面的具体现象。这启发了后来形而上学研究者对抽象实体、本质和理念的研究，如亚里士多德的形而上学理论以及后来的哲学家们对实体、实在性和存在的思考。此外，柏拉图的观点也对认识论产生了重要影响。认识论研究人类的认知过程、知识的获取和真理的本质。柏拉图认为心理意象是思维的基本元素，认为人们通过对心理意象的理解和运用，可以接近真理和智慧的境界。这为后来的认识论研究提供了重要线索，引发了人们对知识的来源、认知过程的性质以及真理的本质的深入思考。柏拉图的观点也对语言哲学领域产生了影响。语言哲学研究语言与思维之间的关系，以及语言在认知和概念形成中的作用。柏拉图的观点强调了心理意象的重要性，提出了语言和思维之间的联系。这为后来的语言哲学家们提供了有关语言的理解、语言概念的形成以及语言与思维之间关系的思考框架。

  柏拉图的思想对心理学领域的影响不仅停留于心理意象在认知过程中的作用，还延伸到了对心理活动的研究。他的观点开启了心理学家对心理意象和意识的深入探索，推动了认知心理学和意识研究的发展。柏拉图认为，人类的感知世界只是理念世界的一种影子或投影。理念世界是超越感官经验的现实存在，包含着普遍而永恒的真理。这一观点引发了心理学家对心理意象的研究兴趣，他们开始思考个体是如何通过心理意象来理解和表达外界的感知信息的。心理学家开始关注个体的认知过程，特别是心理意象的形成。他们研究了人类如何将感官信息转化为心理意象，并如何在心智中加工和操纵这些意象。这些研究对认知心理学的发展起到了重要的推动作用。此外，柏拉图的观点也促使心理学家探索心理意象与思维、感知和记忆等心理活动之间的关系。他们开始研究心理意象在思维过程中的作用，以及心理意象如何与感知和记忆相互作用。这些研究为理解人类思维和记忆的基本机制奠定了重要的理论基础。柏拉图的思想为后来的心理学家提供了有关研究意识、心智和自我发展方面的重要理论基础。他的观点提醒心理学家要关注个体内部的心理过程，而不仅仅是外部的行为表现。这促使心理学家发展出了各种理论和研究方法，以深入探索人类的心理活动和意识现象。因此，我们可以说柏拉图的思想为心理学领域奠定了坚实的基础，并对后续的研究产生了深远的影响。

柏拉图的思想也促进了对心理意象的研究与对神经基础的探索。随着现代科学技术的发展，科学家们能够研究脑部活动与心理意象的关系，从神经学角度揭示心理活动的机制。这为理解心理意象在大脑中的产生和表征提供了重要的线索，进一步加深了对心理意象和意识的研究。神经科学的发展使研究者能够使用神经影像技术，来探测人类的大脑活动。通过这些技术，科学家们可以观察个体在进行感知、思维和记忆任务时，不同脑区的激活情况，从而推断心理意象的神经基础。研究者们发现，不同类型的心理意象在大脑中会引起不同脑区的活动模式。例如，视觉意象涉及视觉皮层的激活，而语言意象则与语言相关脑区的激活有关。这些发现揭示了心理意象和大脑活动之间的紧密联系，并提供了关于心理意象在认知过程中的作用的重要线索。柏拉图的观点为后来的神经科学家提供了研究意识和脑功能的重要启示。他的思想引导了科学家们探索心理意象如何在大脑中产生及如何与其他认知过程相互作用。这促使神经科学家研究出了各种实验设计和方法，以揭示心理意象的神经机制，进一步深化对心理意象和意识的理解。总之，柏拉图的思想不仅在哲学领域产生了深远影响，还对心理学和神经科学的发展起到了重要作用。他的观点引导了心理学家和神经科学家对心理意象和意识的研究，推动了我们对人类心智活动的理解和认知过程的深入探索。总的来说，柏拉图的观点在哲学和心理学领域引发了对心理意象、认知过程和意识的广泛研究。他的思想奠定了研究心理活动和意识的基础，为后来的哲学、心理学和神经科学的发展作出了重要贡献。

2. 亚里士多德的心理意象理论

亚里士多德在柏拉图的思想基础上进一步深化了对心理意象的理解，将其视为人类知觉和记忆的基础，并探索了心理意象的形成和作用。他认为，心理意象是通过感官输入和个体的经验相互作用而形成的，是对感知信息和记忆内容的内在再现。

亚里士多德将心理意象与感知能力的联系视为人类认知过程中的重要环节。他认为，我们感知世界的过程涉及感官对外界刺激的接收和处理。这些感官刺激通过感官通道传递到大脑，然后被转化为我们内心的心理意象。当我们感知外部世界时，我们的感官接收到各种感官刺激，如视觉、听觉、触觉、味觉和嗅觉等刺激。这些感官刺激激活了相应的器官，然后通过感官通路传递到大脑的感觉区域。在大脑中，这些感知信息被处理和解释，并在神经回路中产生相应的活动模式。亚里士多德认为，这些感知信息在大脑中被转化为心理意象，形成我们对外界事物的认知。例如，当我们看到一只猫时，我们的眼睛接收到猫的形状、颜色和动作等视觉刺激，这些感知信息经过视觉通路传递到大脑的视觉皮层。在视觉皮层中，这些感知信息被解析、整合和加工，最终形成我们内心的视觉心理意象，使我们能够感知和认识这只猫。亚里士多德的观点强调了感知能力在心理意象形成中的重要性。感官的接收和处理能力，以及大脑对感知信息的加工和解释过程，决定了我们对外界的心理再现。心理意象作为这种再现的结果，在我们认知和理解世界中扮演着重要角色。在现代认知科学和神经科学的研究中，我们利用先进的技术和方法，如 fMRI 和 EEG，来探索感知过程和心理意象在大脑中的神经基础。这些研究进一步验证了亚里士多德关于感知和心理意象的理论观点，并为我们深入理解感知、认知和心智活动的机制提供了重要线索。因此，亚里士多德将心理意象与感知能力的联系视为人类认知过程中的关键环节，强调了感知信息在大脑中转化为心理意象的作用。他的观点为我们理解感知和认知的关系、心智活动的本质以及心理意象在认知过程中的作用提供了重要的理论基础。

亚里士多德对感知能力在心理意象形成中的重要性进行了深入思考和强调。他认为，人类通过感官器官对外界的刺激进行感知，感知是我们获取外界信息的主要途径之一。亚里士多德举例说明了感知与心理意象的联系。亚里士多德的观点强调了感知在心理意象形成中的关键作用。感知是我们与外界进行接触和互动的媒介，它为我们提供了大量的感知信息，这些感知信息通过感官通道传递到大脑，经过一系列的加工和整合过程，转化为我们内在的心理意象。通过感知，我们能够了解到物体的形状、颜色、大小，声音的音调和音量，触觉的质地和温度，等等。这些感知信息构成了我们对世界的认知和体验，也是我们思维、判断和决策的基础。亚里士多德的观点对后来的心理学和认知科学领域产生了深远影响。它为我们理解感知和心理意象的关系提供了重要的理论基础。

亚里士多德在心理意象的理论中进一步强调了其与记忆和思维的紧密联系。他认为，个体通过经验和记忆形成心理意象，并将其作为思维和推理的基础。记忆中的心理意象可以被提取和操纵，参与到思维活动中，从而影响我们的认知过程和决策。根据亚里士多德的观点，个体通过感知和经验积累了大量的心理意象。这些心理意象在记忆中被储存，并可以在需要时被提取和操纵。记忆中的心理意象不仅包含外界的感知信息，还包括与之相关的情感、价值观和意义等方面的信息。通过利用这些心理意象，我们能够进行思考、比较、类比和推理，从而形成新的认知和洞察。心理意象在思维和推理中扮演着重要的角色。它们不仅仅是感知的结果，更是我们思维和推理的基础。心理意象的使用使我们能够推理、预测和解决问题，进一步促进了我们的认知和智慧的发展。亚里士多德强调了心理意象在人的心智活动中的重要性，揭示了记忆、思维和推理的紧密联系。在现代认知科学研究中，心理意象的角色得到了广泛的关注。通过神经科学的技术和方法，研究者们能够观察和探索大脑中心理意象的形成和加工过程，进一步深化了对心理意象在认知过程中的作用的理解。

亚里士多德的心理意象理论为后来的心理学家和认知科学家提供了重要的启示和研究方向。他的观点激发了人们对心理意象的更深入研究，包括心理意象的形成、存储和加工等方面，并探索了心理意象与感知、记忆和思维等认知过程之间的关系。这些研究对于我们理解人类的认知机制、思维过程和心智活动的组成具有重要的意义。在心理学领域，亚里士多德的心理意象理论推动了对心理意象的深入探索。心理学家开始关注心理意象的形成过程，研究个体如何通过感知、经验和记忆来构建和操纵心理意象。他们探索了心理意象在思维、推理和问题解决中的作用，研究了心理意象与感知、记忆和思维等认知过程之间的相互作用。这些研究对于我们理解人类的认知过程、智力发展和心理健康具有重要的意义。在认知科学领域，亚里士多德的观点为研究人类认知和思维提供了重要的启示。研究者们通过运用现代的神经科学技术和方法，如脑成像和神经记录，深入探索心理意象在大脑中的产生和表征。他们研究了心理意象与脑部活动的关联，揭示了心理意象的神经基础和在认知过程中的作用。这些研究有助于我们更全面地理解认知过程的神经机制，为发展智能系统和人工智能提供了重要的参考和指导。

综上所述，亚里士多德在柏拉图的思想基础上进一步发展了心理意象的理论，将其与感知能力、记忆和思维等认知过程紧密联系在一起。他的观点为后来的心理学和认知科学的发展提供了重要的理论基础，并推动了对心理意象和心智活动的深入研究。

3. 心理意象的跨学科发展

随着时间的推移，心理意象的概念逐渐渗透到其他学科领域，如心理学和认知科学，这为我们理解人类心智活动和认知过程提供了重要的框架和工具。早期心理学家在对心理意象的研究中，将其视为心理过程的基本单位，并利用它来解释感知、记忆和想象等心理现象。在心理学领域，心理意象的研究使心理学家能够更深入地探索人类心理活动的本质。心理意象被视为人类内在心理世界的表征，通过研究心理意象的形成、存储和加工过程，心理学家能够揭示个体的感知、记忆和想象能力，并深入了解认知过程的机制。对心理意象的研究还为心理学提供了理解心理障碍和确定治疗方法的途径，例如在认知行为疗法中，心理意象的改变被用来帮助个体调整其认知和情绪。在认知科学领域，心理意象被广泛运用于研究人类的认知过程。通过探索心理意象在感知、记忆和想象中的作用，认知科学家能够更好地理解人类思维和推理的机制。心理意象的研究也与神经科学的发展相结合，利用先进的脑成像技术和神经生理学方法，揭示心理意象在大脑中的神经基础和脑区活动。这进一步促进了人们对认知过程的深入理解，推动了人工智能和机器学习等领域的发展。

威廉·詹姆斯（William James）是早期一位重要的心理学家，他对心理意象的作用进行了广泛的研究和讨论，并在心理学领域作出了重要贡献。他的观点对于我们理解心理意象在人类心智活动中的作用具有深远的影响。詹姆斯的研究集中在心理意象的形成、性质和功能上，他认为心理意象是人类心智活动的核心元素。他强调心理意象在感知、思维和主观体验中的关键作用。根据他的观点，心智活动不是简单的机械过程，而是一个连续的心理流动，其中心理意象不断涌现和消失。首先，詹姆斯认为心理意象在感知过程中起着重要的作用。他认为感知不仅是感受外界刺激，而且是将感官接收到的刺激转化为心理意象。这些心理意象构成了我们对外界的主观体验，引导着我们对世界的感知和理解。通过心理意象，我们能够感知和区分物体的形状、颜色、声音等特征，从而构建起对外部世界的认知。其次，詹姆斯关注了心理意象在思维过程中的作用。他认为心理意象不仅参与了感知，还是我们思维活动的重要基础。通过心理意象，我们能够回忆过去的经历、构想未来的情境，并进行思考和推理。心理意象为我们的思维活动提供了所需的材料，使我们能够进行复杂的认知活动和决策。它们不仅影响我们的行为选择，还为我们的自我意识和自我认知奠定了基础。

詹姆斯认为心理意象是感知和思维的核心要素，在我们的心智活动中扮演着重要的角色。他的理论主张人类的意识和心理活动是一个连续不断变化的流动过程，被他称为"心智流"（stream of consciousness）。在这个心智流中，心理意象不断涌现和消失，构成了我们的主观体验和思维活动的基础。心智流是一个动态的过程，涵盖了我们的感知、情绪、思绪、回忆、想象以及意识的各个方面。心理意象在这个流动中扮演着重要的角色，是我们对外界刺激和内部心理过程的主观反映。当我们感知到周围的环境、接收到外界的刺激时，这些感知信息会被转化为心理意象，从而构建起我们对世界的认知和理解。同时，心理意象在思维过程中也起着关键的作用。通过心理意象，我们能够回忆过去的经历，构想未来的情境，进行思考和推理。心理意象的涌现和消失在心智流中形成了一种动态的思维过程，推动着我们的认知和理解不断深入。心智流中的心理意象的特点是瞬时性和多样性。它们不断地浮现和消失，呈现出丰富的形式和内容。有时它们可能是直接的感知反映，比如我们看到的视觉景象或听到的声音；有时它们可能是内部的思维形象，比如我们回忆过去的经历或构想未来的情景。无论是对外界的感知还是内部的想象，这些心理意象都是我们主观体验的基石，指引着我们对自我和世界的理解。詹姆斯的心智流理论为后来的心理学家和认知科学家提供了重要的启示。它强调了心理意象在心智活动中的重要性，揭示了感知、思维和主观体验之间的紧密关联。这一理论推动了心理学从结构主义的静态观念转向功能主义的动态观念，鼓励研究者关注心理过程的流动性和变化性。同时，心智流理论也为认知心理学奠定了基础，推动了人们对心理意象、意识和思维等认知过程的深入探索。通过进一步研究和理解心智流及其中的心理意象，我们能够更加全面地认识人类心智活动的本质和机制。

通过研究心理意象的作用，詹姆斯提出了一些重要的概念，其中，首要强调了心理意象在感知过程中的作用。他认为我们通过感知器官接收到外界的刺激，并将其转化为心理意象，从而构建起我们对世界的认知。根据詹姆斯的观点，我们的感知并不是被动接收外界刺激的过程。相反，我们主动将感知的刺激转化为心理意象，并在心智流中对其进行主动的组织和加工。这些心理意象在心智流中不断变化，引导着我们对外界的感知和理解。通过心理意象，我们能够构建出对外界事物的认知模型和内在表征。例如，当我们看到一只猫时，我们通过感知器官接收到关于猫的刺激，然后将其转化为心理意象——我们对猫的视觉形象和其他感知特征的心理表征。这些心理意象不仅是简单的感知结果，还是我们对猫的认知和理解的基础。此外，心理意象在感知过程中还引导着我们对外界的选择和关注。我们的感知系统并不是完全客观地接收所有刺激，而是受到心理意象的引导和筛选。这意味着我们的感知过程受到我们的注意力、兴趣和目标等因素的影响。我们倾向于注意和感知与我们当前的心理意象相关的信息，而忽略或减少对不相关信息的感知。通过研究心理意象在感知过程中的作用，我们可以更好地理解人类感知的主观性和个体差异。不同的个体可能会有不同的心理意象，从而导致对同一刺激的感知和理解存在差异。此外，我们也可以深入探究心理意象在感知中的形成和变化机制，进一步揭示人类感知过程的复杂性和动态性。詹姆斯对心理意象在感知过程中的作用的研究也为后来的心理学家和认知科学家提供了重要的思路和启示。其促使人们对感知过程进行更深入的探索，并认识到感知不仅是简单的感受和记录外界刺激，而是受到我们心理意象的引导和塑造的。这一观点为后续心理学研究的发展奠定了基础，并推动了人们对感知、注意和意识等认知过程的进一步探究。

詹姆斯的研究还关注了心理意象在思维过程中的作用。他认为心理意象在我们的思维活动中起着重要的推动和引导作用。心理意象在思维中的作用可以从几个方面来理解。首先，心理意象提供了思维活动所需的材料。当我们思考一个问题、解决一个难题或进行推理时，我们通常会通过心理意象来操纵和组织相关的概念、知识和信息。这些心理意象可以是图像、符号或概念等内在的心理表征，它们在思维中起到类似于思维的"原料"的作用。其次，心理意象在思维中引导着我们的思考方向和思维方式。通过心理意象，我们能够在心智流中建立思维的路径和关联。我们可以通过回忆过去的经历和经验，将相关的心理意象提取到意识层面，并在思维过程中引用和比较它们。同时，我们也可以通过构想未来的情境和可能性，创建新的心理意象，用于思维和决策的推演。此外，心理意象还有助于我们在思维中进行概念的操作和联想。我们可以通过心理意象将不同的概念联系起来，形成概念网络和思维模型。这样的联想和概念操作为我们进行推理、创新和问题解决提供了框架和支持。心理意象也为我们在思维中生成和评估假设、预测结果奠定了基础。詹姆斯的观点强调了心理意象在思维过程中的重要性，其不仅仅是感知的结果，而是思维活动的基础和推动力。这一观点对后续的心理学和认知科学的发展产生了重要影响，促使人们深入研究心理意象在思维中的生成、变化和操作机制，并探索思维和推理的基本原理。

詹姆斯在心理学领域的贡献不仅限于理论的探索，还通过实验研究和教学推动了心理学的发展，为该领域奠定了坚实的基础。他的著作《心理学原理》（*Principles of Psychology*）被公认为是心理学领域的经典之作，该书于1890年首次出版，至今仍被广泛引用和研究。这本巨著系统地介绍了当时心理学的知识和研究成果，包括感觉、意识、注意、情感、意志等各个方面的内容，不仅深入探讨了心理意象的作用和心智流的理论，还涉及许多其他重要的主题，如学习、记忆、人格、意识的性质等。《心理学原理》成为心理学教育中的经典教材，对后来的心理学家和心理学相关专业的学生产生了深远的影响。《心理学原理》的创新理论和观点也激发了许多心理学家进一步的实验研究。詹姆斯自己也进行了一系列的实验，以支持他的理论观点。例如，他对注意力、感知和情感的研究为后来的实验心理学奠定了基础，并推动了实验方法在心理学研究中的应用。他的实验研究不仅为他自己的理论提供了支持，也为整个心理学领域的发展和实证研究方法的发展作出了贡献。他的教学方法强调实践与理论的结合，鼓励学生主动思考和参与研究。他的教学影响和启发不仅仅局限于他的学生，还影响了整个心理学教育领域，并推动了心理学教学方法的创新与发展。他被誉为心理学的先驱之一,他的工作为心理学的进步和发展奠定了坚实的基础。

除了对心理学的贡献,詹姆斯的影响还扩展到了其他领域,包括教育和哲学。他是哈佛大学的一位杰出教授,担任过心理学课程的教师。他以独特的教学风格和充满激情的演讲吸引了众多学生,为学生们传授了心理学的知识和思维方式等内容。他的教育理念提供了对个体自由和发展的重要思考,对教育实践产生了深远的影响。詹姆斯主张以个体为中心,注重培养学生的自主性和创造力。他强调学生通过实践和体验来获得知识,认为教育应该鼓励学生主动思考、独立探索和实践应用。他的观点强调了学生的主体地位,强调了教育的目标不仅仅是传授知识,更重要的是培养学生的个性发展和批判思维能力。这种教育理念对于现代教育实践的发展具有重要的启示作用,影响了教育学者和教育工作者的思考和实践。此外,詹姆斯的哲学思想也对人的意识和自我问题产生了重要的影响。他对自我认同和自由意志的探讨具有深刻的启示意义。詹姆斯认为自我处于一个不断变化的流动过程,而非一个固定不变的实体。他关注了个体意识的多样性和动态性,强调了自我在个体心智活动中的重要作用。他的观点挑战了传统哲学中关于自我的静态观念,促使人们重新思考自我和意识的本质。詹姆斯的哲学思想也与自由意志问题密切相关。他认为人类具有一定程度的自由意志,能够主动选择和决定自己的行为。他批判了某些形式的决定论观点,强调了人的选择能力和道德责任。他的自由意志观念对于伦理学、道德哲学以及社会政治思想等领域产生了重要的影响,引发了人们对自由意志和道德选择的深入思考。综上所述,詹姆斯的影响不仅局限于心理学领域,还延伸到了教育和哲学领域。他的教育理念和哲学思想为相关领域的理论和实践提供了重要的启示和指导。总的来说,詹姆斯通过他的著作、实验研究和教学,对心理学的发展产生了广泛而深远的影响。他的贡献不仅在于理论层面的创新和探索,还在于他对心理学领域发展的推动和启发。

弗洛伊德(Sigmund Freud)是心理学和精神分析领域中的重要学者,他的研究对于心理意象的深入理解和解释作出了突破性的贡献。他将心理意象纳入了他的精神分析理论中,认为它们是潜意识的产物,并在个体的心理活动中起着重要的作用。

　　弗洛伊德的精神分析理论强调了心理意象在个体内心世界中的存在和影响。他认为心理意象是由潜意识驱动的，并反映了个体内心深处的欲望、冲突和情感等方面。这些心理意象通常超出个体的自觉控制，并通过梦境、口述等方式表达出来。弗洛伊德通过对心理意象的分析和解释，试图揭示它们背后的潜在含义和动力，以及它们与个体的心理结构和心理疾病之间的关系。弗洛伊德提出了一系列重要的概念和方法来研究心理意象，如自由联想、梦境解析、心理防御机制等。通过分析患者的心理意象，他探索了个体内心的冲突和欲望，揭示了潜意识对行为和情感的影响。他的研究为心理学和精神分析领域提供了重要的框架和工具，使人们能够更深入地理解个体的心理活动和心理疾病的本质。弗洛伊德的心理意象理论对心理学和精神分析产生了深远的影响，推动了心理学从结构主义向动力学的转变，强调了潜意识和无意识在心理过程中的作用。他的研究方法和治疗技术为后来的心理学家和精神分析师提供了重要的启示，帮助他们更好地理解和处理心理意象相关的问题。

　　弗洛伊德的心理意象理论提供了对心理冲突和心理疾病的独特解释。他认为，潜意识中的心理意象是个体内部欲望和冲突的表达，而这些欲望和冲突对个体的心理健康产生重要影响。通过解析心理意象，个体可以更好地了解自己的内心世界，解决心理冲突，并实现个体心理的健康发展。此外，弗洛伊德的心理意象理论还促使人们更加关注潜意识和个体内在世界的重要性。他的理论提醒我们，人的心理活动不仅仅受到自觉思维和行为的控制，还受到潜意识中的心理意象的影响。这一观点为心理学家和精神分析师提供了更广阔的研究领域，鼓励他们探索个体内在世界的奥秘，以及心理意象对个体行为和情感的重要影响。

　　总体而言，弗洛伊德对心理意象的深入研究和将其纳入精神分析理论中的贡献对心理学和精神分析领域具有重要的意义。他的理论观点和研究方法为我们理解个体心理活动、心理疾病的产生和治疗提供了宝贵的见解，促使人们对心理意象的研究和应用有了更深入的认识。

　　除了詹姆斯和弗洛伊德，其他心理学家和认知科学家也对心理意象进行了广泛的研究，并在不同领域深入探索了其作用。他们通过使用实验证据和先进的神经科学技术，推动了对心理意象的深入理解，并揭示了它们在认知机制中的作用以及与脑功能的关联。在知觉研究领域，心理学家研究了心理意象在感觉加工和知觉形成中的作用。他们发现，心理意象可以影响我们对物体、人脸、场景等的感知和识别。通过实验证据，研究者揭示了心理意象如何通过激活相应的神经回路和加强特定的认知过程来影响我们的感知体验。在记忆研究中，心理学家研究了心理意象在记忆编码和检索过程中的作用。他们发现，心理意象可以促进记忆的形成和提取，帮助个体更好地记忆和回忆信息。通过使用不同的记忆实验范式，研究者展示了心理意象对记忆性能的影响，并揭示了其与记忆脑区的关联。在想象和创造力研究中，心理学家探索了心理意象在思维和创造过程中的作用。他们发现，心理意象在想象力发挥、创造性问题解决和艺术创作中承担重要的角色。研究者使用行为实验和神经影像技术，进一步研究了心理意象与大脑网络的相互作用，从而深入理解了其在想象和创造过程中的神经基础。此外，在语言和沟通研究中，心理学家研究了心理意象在语言理解和表达中的作用。他们发现，心理意象在语言加工中起着关键的作用，能够帮助我们理解和生成具象的描述和隐喻表达。

心理意象的概念和研究方法的不断发展，为跨学科的研究提供了框架和纽带。心理学、认知科学、神经科学和人工智能等学科之间的合作与交流，不断加深了人们对心理意象的理解，推动了人类心智活动和认知机制的研究。这种跨学科的合作也为解决现实生活中的问题，如认知障碍和学习困难等提供了新的视角和解决方案。总的来说，心理意象的研究对于推动心理学、认知科学和相关领域的发展具有重要的意义。

5.1.2 心理意象在认知活动中的重要功能

心理意象在认知活动中扮演着重要的功能角色。心理意象是个体对于事物、概念或情境的内在表征，它们在认知过程中发挥着多方面的作用。

首先，心理意象在感知和知觉中帮助我们对外部世界的感官刺激进行组织和解释，从而构建起对世界的主观感知和理解。通过心理意象，我们能够将感官输入转化为内在的图像和印象，形成对外部世界的心理映像。这些心理映像以感官信息的形式存在于我们的意识中,使我们能够更全面地理解和解释感知到的物体、人脸、场景等。例如,当我们看到一只猫时,我们的大脑会根据视觉输入产生对猫的心理意象,其中包括猫的形状、颜色、纹理以及可能的动作和行为等方面的信息。这些心理意象帮助我们快速识别猫,并将其与其他动物区分开来。心理意象不仅帮助我们感知外部世界,还有助于我们理解感官刺激的意义和背后的含义。通过将感官信息与以往的经验和知识联系起来,心理意象能够为我们提供更加丰富和深入的感知体验。它们使我们能够将感知到的信息放置在适当的上下文中,识别事物之间的关联和关系,进而推断出可能的意义和目的。例如,当我们看到一张沙滩的照片时,我们的心理意象可能唤起我们对夏天、阳光、海浪等的联想,进而使我们感受到放松和愉悦。此外,心理意象还能够帮助我们填补感知中的空缺和不完整。在感知过程中,我们通常只能获得有限的感官信息,但通过心理意象,我们能够根据已有的信息和知识来推断和补充缺失的部分。这种能力被称为感知上的补偿。例如,当我们看到一张被部分遮挡的物体图片时,我们的心理意象能够根据已有的知识和经验来推断被遮挡部分的形状和特征,从而让我们对整个物体有一个完整的理解。

其次,心理意象在记忆和回忆过程中发挥着重要作用。心理意象可以增强记忆的准确性和持久性。相比于抽象的概念或抽象的文字信息,心理意象以其生动、具体和感性的特征,使得我们更容易将信息与图像、情境和感觉联系起来。这种联系可以帮助我们更好地编码和存储信息,并提高信息的检索效率。当我们试图回忆某个事件或经历时,通过唤起相应的心理意象,我们能够更容易地找到相关的记忆片段,从而增强回忆的准确性和完整性。心理意象在记忆和回忆中还能够激活情感和情绪的体验。心理意象与情感之间存在着紧密的联系,当我们回忆过去的经历时,心理意象能够唤起相关的情感和情绪状态。这种情感的激活不仅能够丰富记忆的内容和质量,还能够帮助我们更好地理解和解释过去发生的事情。通过与特定情感和情绪相联系的心理意象,我们能够更深刻地感受到过去的体验,从而增强了记忆的情感色彩和情绪体验。心理意象还能够促进记忆的联想和串联。当我们回忆某个特定的记忆时,相关的心理意象能够自动地唤起其他相关的记忆内容。这种联想和串联作用有助于我们在回忆过程中建立更完整和连贯的记忆网络，从而使得记忆的检索更加顺畅和有效。心理意象作为一个联结点，将不同的记忆片段联系在一起，形成了记忆的结构和组织。

　　再次，心理意象在想象和创造的过程中具有重要功能。通过心理意象，我们能够在思维中进行虚拟的模拟和再现，创造出新的内在呈现。心理意象让我们能够在脑海中形象化地想象未来的情境、构思新的概念和创意，并探索各种可能性。其提供了一种内部的表象和体验，允许我们在思维的舞台上进行虚拟的实验和探索。在创造性问题解决中，心理意象可以激发我们的创意和创造力。通过形成和操纵心理意象，我们可以在脑海中试验各种可能的解决方案，并将它们与现实世界进行比较和评估。心理意象的活跃使用可以促进新颖的思维和独特的洞察力生成，帮助我们找到创造性的解决方案。在艺术创作中，心理意象起到了关键的推动作用。艺术家通过心理意象将自己的内在体验和情感转化为视觉、听觉或触觉的形式，创造出独特而富有表现力的作品。心理意象使艺术家能够构建出丰富的内心世界，并将其传达给观众。其为艺术家提供了创造性的资源和媒介，让他们能够表达个人的情感、观点和想法。在创新思维和科学探索中，心理意象也发挥着重要的作用。科学家和创新者通过心理意象来构想新的理论、设想新的实验和预测新的趋势。心理意象帮助我们探索未知领域、提出假设，并进行模拟和推演。心理意象促使我们超越现有的框架和限制，激发出创新的思考和行动。心理意象在想象和创造力中提供了一种内在的表象和体验，让我们能够在思维的舞台上模拟和探索各种可能性。无论是在创造性问题解决、艺术创作还是创新思维中，心理意象都为我们带来新的见解、想法和创意，推动着个人和社会的发展。

　　最后，心理意象在语言和沟通中也扮演着重要的角色。它们为语言理解和表达提供了基础。心理意象帮助我们将抽象的语言符号转化为具体的概念和形象，使得沟通更加生动和易于理解。心理意象在我们的思维中构建了一个框架，用于解码和理解语言中的抽象概念。当我们遇到一个词语或句子时，我们会在脑海中形成相关的心理意象，以便更好地理解其含义和上下文。这种基于心理意象的语言理解使我们能够将语言信息与我们先前的经验、知识和情感联系起来，从而更加准确地理解对方的意图。同时，在表达自己的思想和感受时，心理意象也帮助我们选择合适的词语和形象来传达信息。我们借助心理意象来选择和组织语言，以使我们的思想更加生动、具体和易于理解。心理意象为我们提供了一种内在的参考框架，使我们能够将抽象的思维和情感转化为具体的词汇、比喻和形象，从而增强沟通的效果和表达的力度。心理意象在语言和沟通中的作用不仅限于日常对话，它们也在文学作品、修辞手法和艺术表达中发挥着重要作用。作家和演讲者利用心理意象来创造生动的描写、形象的比喻和引人入胜的故事情节，以吸引读者和听众的注意力，并传达更深层次的情感和意义。

5.1.3 心理意象在语言学中的重要功能

心理意象在语言学中扮演着重要的角色，对语言的理解和使用起着关键的作用。其帮助我们将抽象的语言符号转化为具体的概念和形象，使得沟通更加生动、形象化和易于理解。

（1）在语言理解中，心理意象发挥着关键的功能，帮助我们解码和理解他人的语言表达。当我们阅读或聆听时，我们凭借心理意象来将抽象概念转化为具体形象和经验，从而更准确地理解对方的意思。心理意象在构建个体的理解框架方面起到重要作用，其将语言信息与先前的知识、经验和情感联系在一起，使我们能够更全面地理解他人的意图和观点。

通过心理意象，我们能够将抽象的概念和抽象的语言符号转化为我们熟悉的具体形象。例如，当我们听到词语"绿色苹果"时，我们可以在脑海中形成对苹果的心理意象，包括它的外观、味道和质地等。这种心理意象的形成使我们能够更好地理解和描绘这个概念，而不仅仅是停留在抽象的词语上。

心理意象不仅仅局限于视觉方面，它还可以涵盖其他感官和情感维度。例如，当我们听到词语"海浪拍岸"时，我们可以在脑海中形成对海浪的声音、温暖的海风和水花溅起的图像的心理意象。这些心理意象的形成使我们能够更深入地理解并感受到所描述的情境和体验。

心理意象的运用还有助于我们将语言信息与个人的知识、经验和情感联系起来。我们每个人都有独特的生长背景和经历，因此对于相同的语言信息，我们可能会形成不同的心理意象。这些个体差异可以影响我们对语言的理解和解释,因为我们会将语言与自己的内在世界相联系,从而赋予其个人化的意义。

(2)心理意象在语言表达中扮演着关键的角色。当我们尝试表达自己的思想、感受或经历时,心理意象帮助我们选择恰当的词语和形象来传达信息,使我们的语言更加生动、形象和表现力十足。通过运用心理意象,我们能够将抽象的思维和情感转化为具体的词汇、比喻和形象,从而使我们的语言更具有感染力和影响力。

心理意象的运用能够激发听众的情感共鸣,使其能够更好地理解和体验我们所表达的内容。当我们使用生动的形象和比喻时,听众可以通过自身的心理意象来构建与我们类似的图像和体验,进而与我们产生情感上的共鸣。这种情感共鸣可以加强我们与听众之间的联系,使得我们的语言表达更加具有亲和力和感染力。

心理意象还能够引发听众的联想和形象思维。当我们使用具体的词语和形象来描述事物时,听众往往会在脑海中形成对应的心理意象,并与自身的知识和经验联系起来。这种联想和形象思维可以使听众更深入地理解我们所表达的意思,并在思维上产生更多的关联和探索。通过刺激听众的联想和形象思维,我们的语言表达能够更具启发性和创造性,为听众带来新的思考和体验。

(3)心理意象不仅用于日常对话,而且在文学作品、修辞手法和诗歌创作中也扮演着重要的角色。作家和诗人善于利用心理意象来创造生动的描写、形象的比喻和引人入胜的故事情节,从而营造出丰富多彩的阅读体验,并传达深刻的情感和意义。

在文学作品中,心理意象能够让读者在脑海中构建出作者所描述的场景和人物形象。通过心理意象的作用,作家能够唤起读者的感官体验,使他们仿佛身临其境,与故事中的角色共同体验情感和冲突。心理意象能够创造出丰富的细节和情绪,使文学作品更具表现力和感染力。

修辞手法也依赖于心理意象的运用,使得语言更具有表现力和感染力。比如,隐喻通过将一个事物与另一个不同的事物进行比较,以创造出新的意义和形象。隐喻依靠心理意象的转化能力,将抽象的概念转化为具体的形象，使得语言更富有想象力和启发性。类似地，拟人和象征等修辞手法也借助心理意象来赋予语言更深层次的含义和象征意义。

通过巧妙运用心理意象，作家和诗人能够在文学作品中创造出引人入胜的情节、形象，为读者带来丰富的阅读体验。心理意象能够激发读者的想象力和情感共鸣，让他们与作品中的人物和故事产生紧密的联系。无论是小说、诗歌还是戏剧，心理意象都是作家表达深层情感和意义的有力工具，使作品更具有艺术性和感染力。

5.2 心理意象与并行感官输入的相关性

5.2.1 心理意象的模拟效应

心理意象的模拟效应指的是通过心理过程在大脑中模拟或再现与特定感官输入相关的体验。研究表明，心理意象可以通过激活相应的感官区域来产生模拟效应，这种效应可以在我们的心智中以一种似乎真实的方式发生，并且与实际感官输入产生相似的神经活动模式。

这种心理意象激活感官区域的能力在认知神经科学中被称为感官模拟。感官模拟指的是在心理层面上通过激活相关的感官区域来模拟感官体验。它使我们能够在脑内再现感官输入的特定方面，从而重新体验或想象相关的情境。当我们回忆过去的经历时，大脑中的感觉区域可以被激活，从而再现那些经历中的感官体验。例如，当我们回忆起一次美味的晚餐，我们的味觉区域可能会被激活，让我们能够在心智中再次"品尝"到那道美食的味道。类似地，当我们回忆起一次音乐会的经历时，我们的听觉区域可能会被激活，使我们可以在脑海中再次"听"到那些美妙的音乐。

另外，当我们想象未来的场景时，心理意象同样可以激活相关的感官区域，从而产生类似于实际体验的感觉。当我们想象自己在海滩上沐浴阳光时，我们的皮肤感觉区域可能会被激活，让我们仿佛感受到阳光的温暖和海风的吹拂。类似地，当我们想象自己在森林中散步时，我们的嗅觉区域可能会被激活，让我们似乎嗅到花草和泥土的气味。这种感官模拟的能力使我们能够通过心理意象来重新体验过去的记忆或预测未来的体验，从而丰富了我们的思维和情感世界。心理意象也为我们提供了一种独特的认知能力，使我们能够在脱离实际感官输入的情况下，通过想象和回忆来探索和体验世界的多样性。

这种模拟效应的出现可能是由于大脑中的神经网络的复杂互连所引起的。大脑中的神经元通过数以亿计的神经连接形成了复杂的神经网络。这些连接构成了信息传递的通路，允许不同的感官系统之间进行信息的交互和共享。当我们在心理上再现某种感官体验时，相关的神经回路可以被激活。这些神经回路涉及多个感官系统之间的交叉连接，使得不同的感官区间能够相互作用并产生协同效应。例如，在回忆一段美丽的音乐时，听觉区域和情感区域之间的神经连接可能会被激活，从而在我们的脑海中再现音乐的声音及其带来的情感体验。

神经网络的复杂互连为心理意象的模拟效应提供了基础。当我们在心理层面上激活某个感官区域时，这些活动可以通过神经连接在大脑中传递并引发级联效应。这些效应可能包括与实际感官输入相关的神经活动模式的产生，从而有类似于实际体验的心理体验。这种神经网络的复杂互连也解释了为什么心理意象能够在一定程度上模拟和再现感官体验。通过模拟感官体验，我们能够在脑内重新激活感官区域，重新体验过去的记忆或构想未来的情境。这种能力对于人类的认知、想象力和创造力至关重要，并为我们探索和理解世界提供了一种强大的工具。通过深入研究神经网络的复杂互连，我们可以进一步揭示心理意象与实际感官输入之间的关联性，以及这一现象对于认知过程的意义。

心理意象的模拟效应在认知神经科学中具有广泛的意义和应用。首先，它帮助我们理解大脑如何处理感官信息和构建心理表征。通过研究心理意象的模拟效应，我们可以揭示大脑中感官系统之间的相互作用和信息传递方式。这有助于我们更好地理解大脑是如何将外部感官输入转化为内部心理体验的。其次，心理意象的模拟效应为我们提供了一种在心理层面上体验和探索世界的能力。通过心理意象，我们可以在脑海中再现过去的经历，想象未来的场景，甚至创造全新的体验。这种能力不仅丰富了我们的思维和想象力，还为艺术、创造性思维和问题解决等领域提供了重要的工具。

此外，心理意象的模拟效应与学习、记忆和情感等认知过程密切相关。

研究发现，通过心理意象的训练和实践，我们可以增强学习和记忆的能力。通过在心理层面上再现某种经验，我们可以加深对相关信息的印象，并巩固学习的效果。此外，心理意象还与情感体验密切相关。通过模拟某种情境或体验，我们可以在情感上重新体验并加深对情感的理解。总的来说，心理意象的模拟效应在认知神经科学中具有重要的意义。它不仅帮助我们理解大脑的工作机制，还提供了一种独特的认知能力和体验方式。进一步研究心理意象的模拟效应可以拓展我们对认知过程的理解，并为心理治疗、认知增强技术和教育等领域的应用提供新的思路和方法。

5.2.2 可训练性与改变的关联性

心理意象的可训练性是指个体能够通过特定的训练和实践来改变和提升心理意象的能力。这种可塑性和改变性使得心理意象成为一种有潜力被发展和加强的认知工具。

（1）进一步研究表明，系统的训练和练习对心理意象能力的改善和扩展具有持久性和可迁移性的影响。这意味着通过针对心理意象的特定训练，个体不仅在训练任务中表现出更好的能力，而且这种提升可以延续到其他相关认知任务中。视觉化训练是一种常见的心理意象训练方法，可以通过想象特定场景来提高想象力和创造力。这种训练可以包括将自己置身于特定环境中，观察和操控心理图像，以及注意和增强感知细节。通过反复训练和指导，可以逐渐培养个体对细节的敏感性和想象能力，从而提高其心理意象的清晰度、生动性和准确性。心理意象训练的有效性可能与大脑的可塑性有关。大脑在面对训练和学习时，会发生结构和功能上的改变，从而适应新的认知要求。研究显示，心理意象训练可以导致大脑中与感知、想象和记忆相关的神经回路的改变。这些变化可能包括神经元之间的连接强度和模式的调整，以及与心理意象相关的大脑区域的激活模式的改变。除了提高想象力和创造力，心理意象训练还在其他领域展现了积极的影响。例如，在学习和记忆方面，个体可以通过心理意象训练提高信息的编码和存储效率。此外，心理意象训练还被广泛应用于认知康复，帮助恢复受损的认知能力，如注意力、工作记忆和空间定向等。

（2）一些研究还发现，心理意象的可训练性与大脑的可塑性密切相关。

这种大脑的可塑性可能包括神经元之间的突触连接增强、新的神经回路形成以及神经细胞的功能改变。研究表明，在进行心理意象训练时，相关脑区的激活模式和连接方式会发生变化，以适应心理意象的处理需求。具体而言，心理意象训练可能引起大脑中感觉和知觉相关区域的激活增加。这意味着个体对感官刺激和体验更加敏感，并能够更准确地将这些体验呈现在心理意象中。此外，训练还可能引起大脑中负责认知控制和注意力调节的区域的改变，使个体能够更好地操控心理意象的内容和细节。

心理意象训练的影响还可能涉及大脑中的记忆相关区域。研究发现，经过训练的个体在记忆任务中表现得更好，而且这种改善与大脑中记忆编码和存储相关区域的活动增加有关。这表明心理意象训练能够优化大脑中与记忆相关的神经回路，从而提高个体的记忆能力。此外，心理意象训练还可能引起大脑中与想象力和创造力相关的区域的变化。这些区域包括前额叶皮质和顶叶皮质等，它们在思维、想象和创造性表达中发挥重要作用。心理意象训练可能增强了这些区域的功能和连接性，从而提高了想象力和创造力的表现水平。

心理意象训练对大脑具有可塑性的影响，使其适应并优化与感知、记忆、想象和创造力相关的神经回路。通过持续的训练和练习，个体可以不断提升自己的心理意象能力，并在认知任务中获得更好的表现。

（3）心理意象的可训练性和改变性对于认知康复具有重要意义。在认知康复中，心理意象训练被广泛应用于帮助那些认知能力受损的人，例如脑损伤患者、老年人和注意力缺陷症候群患者。通过训练和练习，个体可以增强和恢复受损的记忆、注意力和空间定向等认知功能。心理意象训练通过操纵心理图像、增强感知细节和提高注意力等技巧，促进了大脑中与认知能力相关的神经回路的发展和优化。

心理意象训练在运动训练和技能学习中也具有重要作用。运动员通过训练心理意象，可以提高运动表现和技巧。心理意象训练包括在脑海中模拟运动动作、操纵心理图像以及增强运动感知等。通过反复的心理意象练习，运动员可以加深对于运动技能的理解和掌握，提高身体协调性、动作准确性和反应速度。这种训练不仅在体育竞技中有应用，也在康复和运动疗法中被使用，可以帮助人们恢复运动功能和提高生活质量。

心理意象的可训练性和改变性为个体的认知发展和学习提供了广泛的应用价值。通过针对性的训练和练习，个体可以不断改善和提高自己的心理意象能力，在认知、运动和其他领域中取得更好的表现。这种训练不仅有助于恢复一些患者受损的认知能力，还能提高普通人群的认知水平和技能。因此，心理意象训练在促进个体认知发展、提升学习能力和提高生活质量方面具有广泛而重要的作用。

5.3 心理意象作为并行感官输入替代品的可行性

心理意象作为并行感官输入替代品的可行性是一个引人注目的研究领域。在传统的感官输入中，我们依赖视觉、听觉、触觉等外部感官来获取信息和体验世界。然而，心理意象是指我们在脑海中自主创造的图像和感受，无需依赖外界刺激。近年来，一些研究表明，心理意象可以作为一种有效的替代品，用来提供与感官输入相似的体验和信息。

5.3.1 心理意象对学习有效性的相关研究

心理意象作为一种认知学习策略，在学习过程中的有效性已经得到了相关研究的探索和证实。以下将介绍一些相关研究，揭示心理意象在学习中的积极影响。

1. 语言学习

语言学习领域的相关研究显示，心理意象在词汇学习和记忆方面扮演着重要的角色。通过创建生动的心理联想，将词汇与其意义联系起来，学习者能够形成更加生动、有趣和可视化的印象，从而增强对词汇的记忆和理解。心理意象技巧可以帮助学习者将抽象的词汇转化为具体的图像或情境，使之更加容易被记忆。例如，学习者可以想象在一个阳光照耀的沙滩上，自己正在用手写字，以帮助记忆和掌握一个新的汉字。这样的心理意象将词汇与视觉和动作联系在一起，激发了学习者大脑中的多个感官通道，增加了记忆的联结点。

一些研究进一步证明了心理意象在词汇学习中的有效性。参与心理意象练习的学习者在记忆和词汇应用方面表现出更强的能力。他们能更容易回忆起先前经历的心理意象，从而更快地想起词汇的意义和使用方式。这种基于心理意象的学习方法为学习者提供了更强的记忆关联，使其更深入的理解词汇含义，从而提高了词汇学习的效果。此外，心理意象还可以帮助学习者在语境中理解词汇的使用。通过将词汇放置在真实的情境中，学习者可以更好地理解词汇的含义、用法和语言背后的文化意义。例如，通过心理意象，学习者可以将某个词汇放入一个具体的对话场景中，想象自己在与他人交流时如何使用这个词。这种情景模拟能够帮助学习者更好地掌握词汇的真实用法，提高他们在实际语言应用中的流利度和表达能力。心理意象在词汇的学习和记忆中发挥着重要的作用。通过创造生动的心理联想和将词汇放置在具体的情境中，学习者可以增强记忆力和理解力。这种基于心理意象的学习方法为学习者提供了更具个性化和有趣的学习体验，进而提高了他们在语言学习中的表现和效果。

2. 数学学习

在数学学习中，心理意象的应用对学习者产生了积极的影响。研究发现，将数学问题转化为形象化的心理意象可以帮助学习者更好地理解和解决问题。通过将抽象的数学概念转化为具体的图像，学习者能够更清晰地思考和推导数学概念，提高解题的准确性和速度。心理意象可以在几何学习中发挥重要作用。通过形象化地构建几何图形并观察其特征和关系，学习者能够更直观地理解几何定理和性质。例如，在学习三角形的相似性质时，学习者可以通过心理意象将两个相似的三角形叠加在一起，并观察它们之间的比例关系。这种形象化的心理意象帮助学习者更好地理解几何概念，并能够在解题时更准确地应用几何定理和性质。

在代数学习中，心理意象也扮演着关键的角色。通过将代数表达式转化为具体的图像，学习者能够更直观地理解符号和变量之间的关系。例如，学习者可以使用图形表示变量之间的关系，或使用物理模型来解释代数方程。这样的心理意象帮助学习者更好地理解代数概念和运算规则，使他们能够更有效地解决复杂的数学方程和表达式。此外，心理意象在解决实际问题时也可以发挥一定作用。通过将实际问题转化为形象的心理图像，学习者能够更好地理解问题的含义和解题思路。这种转化有助于学习者建立问题与数学概念之间的联系，并激发他们的创造性思维。

心理意象在数学学习中显示出积极的影响。通过将数学问题转化为形象化的心理意象，学习者能够更好地理解和解决问题。心理意象的应用使得抽象的数学概念具象化，从而提升了学习者的推导能力，提高了解题的准确性和速度。数学学习中的心理意象方法为学生提供了一个更具体、直观和具有实践性的学习方式，使他们更好地掌握和应用数学知识。

3. 运动技能学习

运动技能学习中广泛应用了心理意象技巧。研究表明，通过心理意象练习，运动员能够模拟实际动作，提高动作技巧和表现。心理意象练习对于加强运动技能的神经连接、提升专注力和增强自信心起着重要作用，有利于改善运动表现。心理意象练习是一种运动技能学习的辅助方法，通过在大脑中创造生动的图像和感觉来模拟实际的运动动作。运动员可以通过心理意象想象自己进行某个特定的动作，包括动作的细节、肌肉的运动以及动作的流畅程度。通过反复进行心理意象练习，运动员可以增强神经通路和肌肉记忆，提高动作的自动化程度。

心理意象练习对于改善专注力和注意力控制也起到了重要的作用。在心理意象练习中，运动员需要集中注意力，想象和感受每个动作的细节，从而提高注意力的集中度和持久性。这种专注力的训练对于运动技能的精确性和协调性至关重要。此外，心理意象练习还有助于增强运动员的自信心和心理准备。通过心理意象练习，运动员可以在大脑中创造出成功的场景和自我肯定的情境。这种积极的心理预演有助于增加运动员的自信心，并在实际比赛或表演中提高他们的心理稳定性和表现水平。

心理意象在运动技能的学习中发挥着重要的作用。通过模拟实际动作和感受，心理意象练习可以改善运动员的动作技巧和表现。同时，它还有助于加强神经连接、提高专注力和注意力控制，并增强运动员的自信心和心理准备。运动员可以将心理意象练习作为训练计划的一部分，以提高运动技能的学习和表现效果。

4. 科学学习

心理意象在科学学习中扮演着重要的角色，可以帮助学习者更好地理解抽象概念和科学原理。研究发现，通过形象化的心理意象，学生能够更好地构建对科学概念的认知框架，并在实验设计和科学问题解决中表现出更好的能力。在科学学习中，许多概念和原理具有抽象性，难以直接观察和理解。心理意象可以帮助学习者将这些抽象概念转化为具体的图像或场景，使其更加形象化和可视化。例如，在学习细胞结构时，学习者可以通过心理意象将细胞想象为一个微小的工厂，不同的细胞器象征不同的工作部门，这样的比喻有助于学习者更好地理解细胞的功能和组成。

通过心理意象，学习者能够构建起对科学概念的认知框架，将抽象的知识与自己已有的经验和观察联系起来。这样的认知框架帮助学习者更好地理解科学概念之间的关系和相互作用。例如，在学习生态系统时，学习者可以通过心理意象将生态系统想象为一个相互联系的生态网，其中不同的物种和环境因素相互依存。这样的心理意象有助于学习者更全面地理解生态系统的结构和功能。

心理意象还在实验设计和科学问题解决中发挥作用。学习者可以通过心理意象预想实验的过程和结果，从而更好地规划和设计实验。此外，心理意象还能够帮助学习者更好地理解和解决科学问题。通过将问题转化为形象化的心理意象，学习者可以更清晰地思考问题的本质和可能的解决方案。

5. 历史学习

在历史学习中，心理意象发挥着重要的作用，可以帮助学习者更好地理解历史事件和时代背景。通过形象化的心理意象，学生能够将历史场景和人物描绘出来，帮助他们建立情感联系和时间序列，从而加强对历史知识的记忆和理解。

历史学习往往涉及复杂的事件、人物和时期，这些抽象的概念和信息对学生来说可能难以理解和记忆。心理意象提供了一种将这些抽象概念转化为具体形象的方法。例如，学习者可以通过心理意象将历史事件想象为一场舞台剧，将不同的人物和场景安排在舞台上，这样的图像化表达有助于学生更好地理解历史事件的背景、动机和后果。

通过心理意象，学习者可以建立情感联系，使历史事件更具有感染力和真实性。学生可以想象自己置身于历史事件的现场，感受当时的氛围、情绪和挑战。这样的情感体验有助于学生更深入地理解历史事件的背景和影响，并加深对历史人物的认知。

此外，心理意象还可以帮助学生建立时间序列和关联性。学生可以将历史事件按照时间顺序进行排列，并通过心理意象将它们连接起来，形成一个整体的历史时期。这样的时间序列图像有助于学生更好地理解历史事件之间的因果关系、演变过程和相互影响。

6. 医学教育

在医学教育领域，心理意象被广泛应用于帮助学生学习和记忆人体结构和器官功能方面。通过形象化的心理意象，学生可以在脑海中模拟人体结构图像，从而更好地理解和记忆复杂的解剖学知识。

解剖学是医学教育中的核心学科，学生需要掌握大量的人体结构和器官功能知识。然而，人体解剖学的学习往往面临着抽象性和复杂性的挑战，因为学生大多没有机会直接观察和体验人体内部的结构。在这种情况下，心理意象成为一种强大的工具，帮助学生建立起对人体结构的生动和可视化的图像。

通过心理意象，学生可以在脑海中模拟人体结构，例如将骨骼系统想象为支撑框架，将心脏想象为泵动的机器，将消化系统想象为一个复杂的工厂等。这些形象化的心理意象帮助学生将抽象的解剖学知识转化为具体的图像，使其更易于理解和记忆。

心理意象在医学教育中还可以通过模拟手术过程和临床场景来帮助学生提高实践技能。学生可以通过心理意象实践手术过程，想象自己进行手术操作的步骤和技巧，从而加深对手术流程的理解和记忆。此外，学生还可以通过心理意象模拟临床场景，想象自己与患者进行交流，进行诊断，提高临床决策和沟通技巧。

心理意象在医学教育中的应用还可以提高学生的空间想象力和触觉感知。通过心理意象，学生可以更好地感知和理解人体结构的位置、形状和关系，进而更准确地进行解剖学定位和操作。

7. 艺术学习

在艺术学习中，心理意象扮演着重要的角色，能够帮助学生更好地理解和表达艺术作品的情感、主题和结构。通过形象化的心理意象，学生能够建立对艺术元素和设计原则的感知，从而提高艺术创作和欣赏的能力。

艺术作品往往是通过形式、色彩、线条和空间等元素来传达情感和意义的。对于学习者来说，理解这些元素的作用和相互关系是理解艺术作品的关键。通过心理意象，学生可以将这些抽象的元素转化为具体的图像或场景，从而更加直观地感知和理解它们。例如，学生可以通过心理意象将颜色与情感联系起来，将线条与动态或稳定联系起来，这样的心理意象帮助学生更深入地理解艺术作品所传达的情感和主题。

此外，心理意象也有助于学生在艺术创作中运用艺术元素和设计原则。通过形象化的心理意象，学生可以在脑海中构建起创作的视觉图像，从而更好地规划和完成作品的构图、色彩和形式。心理意象帮助学生培养艺术感知力和创造力，激发其在艺术创作中的想象力和表现力。

除了创作，心理意象也对艺术欣赏和批评起到重要的作用。通过心理意象，学生可以更深入地解读和分析艺术作品，理解艺术家所传达的意图和表达的情感。心理意象有助于学生发展独特的艺术观点和批评能力，提高他们对艺术作品的鉴赏水平。

5.3.2 心理意象在语言学习中的潜在应用

心理意象作为一种认知学习策略，在语言学习中具有广阔的潜在应用领域。以下将探讨几个潜在应用领域，展示心理意象在语言学习中的潜力。

首先，心理意象可以帮助学习者创建生动的联想，从而提高对词汇的记忆能力。通过将词汇与具体的图像或场景联系起来，学习者可以在脑海中形成更加鲜明、有趣和可视化的印象。这种视觉化的记忆方式使得学习者能够更快速、准确地回忆起相关的词汇，并加强了记忆的持久性。心理意象练习可以帮助学习者理解词汇在不同语境中的使用。语言学习并不仅是学习独立的单词，而且要学会如何在不同语境中运用这些单词。通过将心理意象与特定的语境或情境联系起来，学习者可以更好地理解单词的意义、用法和语法规则。这种与语境相关的心理意象训练可以帮助学习者更快地适应不同的交流环境，并提高他们在语言表达和理解方面的能力。心理意象练习还可以激发学习者的情感参与和兴趣。相比单调地背诵和机械地学习，通过创造有趣、生动的心理意象，学习者可以更加投入和专注于语言学习任务。这种情感参与和兴趣的提高有助于提升学习者的学习动力和学习效果。研究表明，心理意象在语言学习中的应用可以提升学习者的能力。这种方法能够增加学习的趣味性和情感参与，并为学习者创造一个更具体、更有意义的学习体验。然而，由于个体差异的存在，需要个性化的学习方法和策略选择，以满足不同学习者的需求。

其次，在语法学习中，学习者经常面临着复杂的语法规则和抽象的概念。有些抽象概念可能难以理解和应用，使得学习语法变得具有挑战性。然而，心理意象可以通过形象地描绘语法结构及其关系，帮助学习者更有效地掌握这些复杂的语法概念。通过使用心理意象，学习者可以将抽象的语法规则和概念转化为具体、可视化的形象。例如，对于句子结构中的主语、谓语和宾语的关系，学习者可以将其想象成一个房子、屋顶和房间之间的关系。这种可视化的描绘使得学习者能够更清晰地理解语法结构的组成，并在脑海中形成对应的图像。这样的图像可以帮助学习者建立更稳固的记忆，加深对语法概念的理解。心理意象还可以帮助学习者在实际语境中应用语法规则。通过将语法规则与具体的情境或场景联系起来，学习者可以更好地理解何时以及如何应用这些规则。例如，学习者可以通过心理意象想象自己在一个旅行的情境中，然后运用所学的语法规则来描述旅行中的活动和经历。这样的实际应用场景可以帮助学习者将语法规则与实际交际目的联系起来，提高他们在实际语言使用中的准确性和流利度。通过使用心理意象来描绘语法结构及语法关系，学习者可以更深入地理解和掌握复杂的语法概念。这种可视化和实际应用的学习方法有助于减少抽象概念带来的困惑，使学习者更容易理解和运用语法规则。然而，需要注意的是，每个学习者的认知方式和学习偏好可能不同，因此，个性化的教学方法和辅导策略也是至关重要的。

此外，在口语技能练习中应用心理意象已经被证明具有显著的效果。通过参与心理意象模拟对话和互动，学习者可以增强自信心，并提高在实际情境中的表达和适当回应能力。心理意象提供了一个安全和可控的环境，使学习者能够在虚拟的场景中练习口语技能。通过想象自己身处于特定的情境中，学习者可以模拟真实的对话和交流，并通过心理意象来构建适当的回应。这种模拟练习使学习者能够更好地准备和应对实际情境中的口语交流，从而增强他们的口语表达能力。此外，心理意象还为学习者提供了一个实验和尝试不同语言结构的机会。学习者可以在心理意象中尝试不同的词汇选择、句子结构和语法规则，以提高他们的口语流利度和准确性。通过实践和反复练习，学习者可以逐渐熟悉并掌握各种语言结构，从而在实际口语交流中更自如地运用它们。心理意象在口语技能练习中的应用还可以帮助学习者提高口语交际能力。通过模拟不同的对话情境，学习者可以更好地理解和运用非语言元素，如表情和肢体语言，以提高他们的口语交际效果。心理意象的练习使学习者能够更全面地培养口语交际的能力和技巧，从而在实际交流中更加流畅和自信。这种学习方法可以有效地帮助学习者在口语交流中取得更好的表现。

第 6 章　关于硬科学语言学理论与心理意象结合的案例研究

在前面的章节中，我们讨论了心理意象在不同领域的学习中的积极影响，包括语言学习、数学学习、运动技能学习、科学学习、历史学习、医学教育和艺术学习等。这些研究表明，通过形象化的心理意象，学习者能够更好地理解、记忆和应用各种知识和技能。

基于这些发现，我们进一步探究了心理意象作为并行感官输入的替代品的可行性。具体而言，我们感兴趣的是学习者是否能够通过心理意象创造和模拟感官体验，以弥补缺乏直接感官输入的情况。这一问题在语言学习中尤为引人关注，因为语言学习涉及听觉、视觉和触觉等多个感官。

通过实证检验，我们希望进一步了解心理意象能够模拟现实感官体验的程度。我们将研究学习者在没有直接并行感官输入的情况下，通过心理意象是否能够有效地产生听觉、视觉和触觉的感官体验的心理表征。

这一实证检验将进一步加深我们对心理意象在语言学习中的理解，并为教育者利用心理意象来增强学习者的感官体验和语言学习效果提供更具体的指导和方法。

6.1 案例研究设计与方法

6.1.1 研究目标和假设

本案例研究的主要目标是探究在缺乏目标语言的实际感官体验即"并行感官输入"的情况下，学习者是否能够通过创造和利用"心理意象"作为可行的替代品，从而达到使用目标语言进行交流的目的。

我们假设"心理意象"具有潜力替代"并行感官输入",并最终促进语言学习者获得目标语言的交流能力。基于这个假设,我们通过实证研究来验证"心理意象"在语言学习中的有效性。

首先,我们假设学习者可以通过活跃的想象力在心理中创造出特定的感官体验,包括视觉、听觉、触觉、嗅觉和味觉等,以模拟目标语言的实际感官体验。通过这种模拟,学习者可以在思维中重现语言使用的情境和体验,从而增强对语言的理解和运用能力。

其次,我们假设通过利用"心理意象",学习者能够在缺乏实际情境或实际物体的情况下,模拟并替代"并行感官输入"。通过创造和运用心理意象,学习者可以在自己的思维中重现对目标语言的感觉、感知和体验,从而获得与实际感官体验类似的学习效果。

我们的研究通过实际的实验和比较来验证上述假设。我们招募燕山大学外国语学院大一学生作为研究参与者,让他们参与一系列语言学习任务和活动。其中一部分任务不提供任何提示,而另一部分任务鼓励学习者运用心理意象来模拟感官体验。

通过收集学习者在不同任务中的表现和反馈,我们评估心理意象对语言学习的影响。我们的目标是验证心理意象作为替代品是否能够在语言学习中发挥类似的作用,从而进一步深化对其在语言学习过程中的有效性的理解。

6.1.2 研究参与者和样本选择

在本研究中,我们选择了燕山大学外国语学院大一学生作为研究对象。这个选择是基于以下几个考虑因素,旨在确保研究的可靠性和一致性。

首先,选择一年级学生可以确保研究对象的年龄相对较为一致。这可以减少年龄因素对研究结果的潜在影响。年龄一致性有助于控制潜在的发展差异,使研究结果更具可比性和解释性。

其次,选择燕山大学外国语学院的学生与研究主题的相关性密切。外国语学院的学生在语言学习方面具有一定的专业背景和语言水平,因此他们对于学习中涉及语言的认知过程和策略更加敏感,同时也更具有接受相关实验和干预的意愿。

最后，选择同一年级的学生还可以减少在语言水平方面的差异。由于研究涉及对语言的认知和理解，我们希望尽量减少语言水平差异对研究结果的干扰。

在研究过程中，我们进行详细的样本选择程序，以确保样本的代表性和可靠性。这包括使用随机抽样方法从燕山大学外国语学院大一学生中选择参与者，并对他们的语言水平和学习背景进行评估。我们采用一些标准化测试或问卷调查来收集关于参与者的相关信息，并根据需要进行筛选。

需要注意的是，尽管我们努力确保样本的一致性和代表性，但由于限制条件和研究目的的特殊性，样本的推广性可能存在一定的局限性。因此，在解释研究结果时，我们强调研究的特定参与者群体，并对研究结果的外部有效性提出适当的限制。

总之，选择燕山大学外国语学院大一学生作为研究对象是为了确保年龄和语言水平的一致性，以增加研究结果的可靠性。样本选择和筛选过程采取严格的程序，以确保样本的代表性和适用性。通过这样的选择，我们可以更加准确地研究心理意象在学习过程中的作用，并得出具有一定普适性的结论。

6.1.3 研究方法设计与步骤

本研究采用了对照实验与问卷调查相结合的研究方法，具体步骤如下。

第一步：在进行研究之前，选择适当的实验语言输入是非常重要的，关键是找到一种很少被人讲、在大学中几乎没有人具备任何熟练程度的语言。因此，为了排除数据采集过程中受试者熟悉的语言输入可能带来的任何"混淆变量"，本研究选择了一种受试者都不熟悉的语言输入——托莱多大学 Douglas W. Coleman 教授设计的一种名为 Térus 的人造语言。Térus 语是 Coleman 教授根据波兰语的发音位置转换规则和简化语法结构所创建的。该语言的设计灵感来自索绪尔在国际象棋中的类比方法，例如将辅音 /t/ 转换为 /k/、辅音 /k/ 转换为 /p/，而元音 /a/ 保持不变。因此，波兰语中的 /tak/ 变成了 Térus 语中的 /kap/。

第二步：设计实验所需的 PPT 课程演示文稿课程。确定了在实验中要使用的输入后，下一个重要步骤是设计整个实验过程中要使用的对话。本研究使用的对话是由 Coleman 教授亲自协助设计的。演示文稿由三个简短对话组成，这些对话基于常规大学校园学校生活的短片段，每个对话的音频会重复三次。图 5 展示了对话的一部分，完整的三个对话可在附录 A 中找到。

Wam:	Tsost. Wap so nas?	Wam:	Hi. How are you?
Osha:	Tsost. Gédzo. A ku?	Osha:	Hi. OK. (And) you?
Kar:	Tsost.	Kar:	Hi.
Osha:	Tsost.	Osha:	Hi.
Wam:	Gédzo. Ey, shéswa ontwóza.	Wam:	OK... hey, class is starting.

图 5　对话样例

第三步：选取燕山大学外国语学院大一学生作为实验对象，以班级为单位，每个班级作为一个组，分为对照组和实验组。两组的个体数量保持相等，以确保实验结果的准确性和可靠性。为了保证研究结果的可靠性，还要确保两组之间的一致性（例如，如果前一个班级是实验组，那么后一个班级就是对照组，以此类推）。本研究设计了两个版本的 PPT、学习资料和答题纸，两组的主要区别在于，实验组是心理意象指导组（MI-instructed group），对照组是无心理意象指导组（No-MI-instructed group），即实验组接受心理意象干预（在 PPT 课程演示和学习汇总单中添加描述对话发生场景的内容），对照组无心理意象干预，其他条件保持一致。在两个 PPT 演示文稿中，受试者首先会阅读和听几张幻灯片，实验组和对照组的内容相同，这些幻灯片包含了整个实验期间他们需要遵循的指导，如图 6 所示。

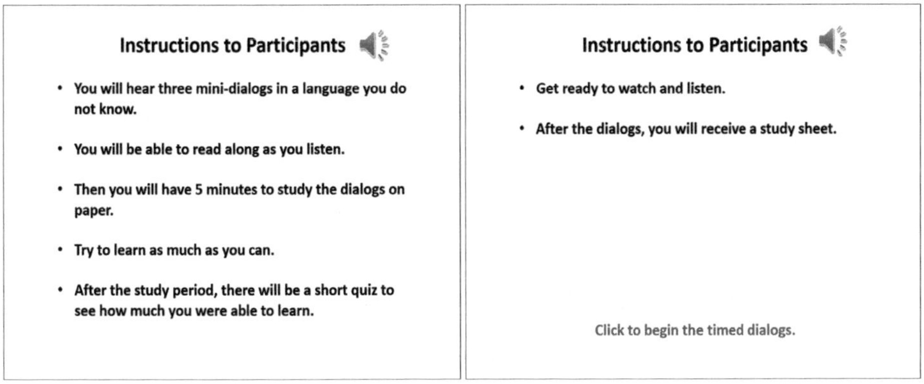

图 6　实验指导

在接下来的幻灯片中，对于无心理意象指导组，幻灯片中没有关于使用心理意象的指导。

MI-instructed 组的指导：实验中的 MI-instructed 组接受了心理意象的指导。他们被告知在学习过程中要使用心理意象技巧，将抽象的概念转化为形象化的图像，并在脑海中模拟相关的感官体验。他们被鼓励使用视觉、听觉和触觉等感官来加强对学习材料的理解和记忆。如图 7 所示。

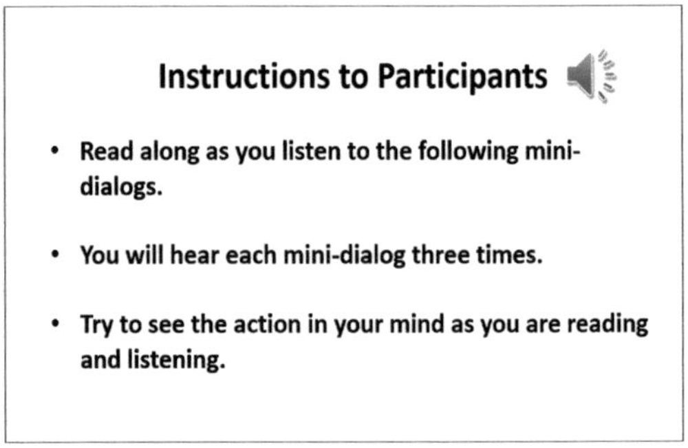

图 7　MI-instructed 组的幻灯片

No-MI-instructed 组的指导：相比之下，No-MI-instructed 组没有接受心理意象的指导。他们在学习过程中没有收到使用心理意象的指令。他们可能只接受了一般的学习指导，如阅读材料或听取讲解，但没有特别要求他们使用心理意象来辅助学习。如图 8 所示。

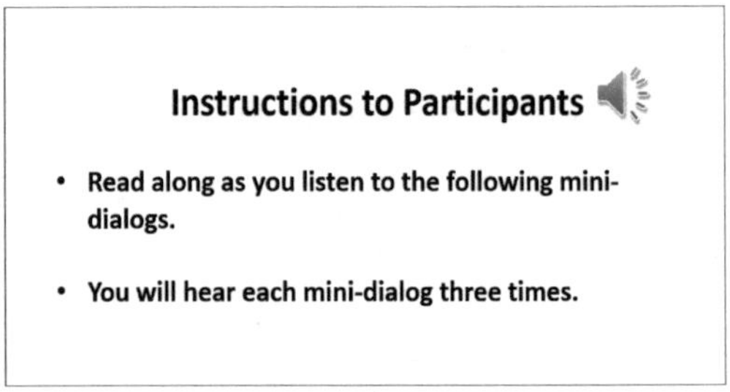

图 8　No-MI-instructed 组的幻灯片

这两组的指导方式的差异在于是否强调和鼓励实验对象使用心理意象技巧。MI-instructed 组被教导和引导使用心理意象来增强学习效果，而 No-MI-instructed 组则没有收到类似的指导。这样设计的目的是比较并分析心理意象对学习效果的影响。

第四步：具体实验实施。在 PPT 课程演示之前，研究对象首先会听到并看到一段语音和文字说明，对实验过程进行描述。然后，研究对象开始学习由"Térus"语言构成的三个对话，每个对话重复三遍。学生将边听边阅读三个小对话，在听对话的同时，研究对象还在屏幕上看到相应的对话脚本，这三个小对话使用目标语言（Térus 语）进行，但同时提供了英文翻译。然而，两个组之间的区别还是在于 MI-instructed 组的受试者被指导在阅读和听力时尝试在脑海中看到场景中的人物、物品和动作（即进行心理意象指导）。此外，MI-instructed 组的每个对话旁边还有关于实际场景的描述，如图 9 所示。而 No-MI-instructed 组则没有收到这个额外的指示，如图 10 所示。

完成 PPT 课程演示后，受试者还收到了一份学习材料，让他们进行五分钟的自学。两个组的材料是不同的。这两份学习材料都有两面。一面是三个小对话的内容，与 PPT 中展示的内容相同。学习材料的另一面是一个词汇表和输入中的常用表达，这将帮助受试者学习和理解 Térus 语。图 11 是一个示例，学习材料的完整版本可在附录 B 中找到。

Mini-dialog 1

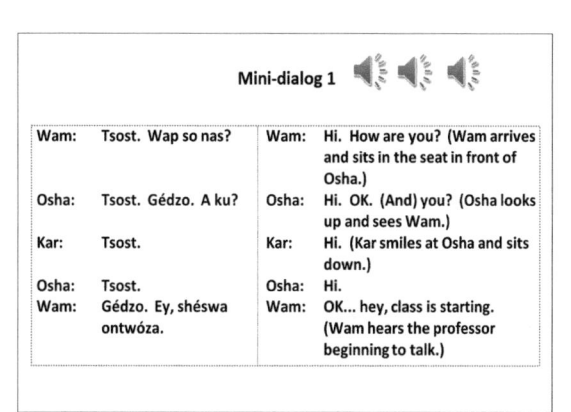

Wam:	Tsost. Wap so nas?	Wam:	Hi. How are you? (Wam arrives and sits in the seat in front of Osha.)
Osha:	Tsost. Gédzo. A ku?	Osha:	Hi. OK. (And) you? (Osha looks up and sees Wam.)
Kar:	Tsost.	Kar:	Hi. (Kar smiles at Osha and sits down.)
Osha:	Tsost.	Osha:	Hi.
Wam:	Gédzo. Ey, shéswa ontwóza.	Wam:	OK... hey, class is starting. (Wam hears the professor beginning to talk.)

图 9　MI-instructed 组的对话示例

Mini-dialog 1

Wam:	Tsost. Wap so nas?	Wam:	Hi. How are you?
Osha:	Tsost. Gédzo. A ku?	Osha:	Hi. OK. (And) you?
Kar:	Tsost.	Kar:	Hi.
Osha:	Tsost.	Osha:	Hi.
Wam:	Gédzo. Ey, shéswa ontwóza.	Wam:	OK... hey, class is starting.

图 10　No-MI-instructed 组的对话示例

Vocabulary List

a	and
dálgzo	very, a lot
éke	here's / here you have
eshkákmwo	later

Expressions

| Dálgzo tlésan. | You're welcome. |
| Shussa! | Hush! / Be quiet! |

图 11　词汇表和常用表达示例

自学结束后，收回学习资料，并对研究对象进行统一的测试。测试包含 10 道选择题，图 12 展示了测试的示例，完整的测试则在附录 C 中呈现。

```
1. Tsost.
   a. A ku tsost.
   b. Kap, ku na?
   c. Tsost. Wap so na?
   d. Eshkákmwo.
2. Wap so na?
   a. Gédzo. A kus?
   b. Ta. A na?
   c. Gédzo. A ku?
   d. Ta. Nísan shéswan.
3. Twéle ku na?
   a. Kap. Tlésan.
   b. Dálgzo tlésan twéle.
   c. Gzampéwan.
   d. Dálgzo tlésa. Mwo na.
4. Eke eyézop.
   a. Gzampéwa ku.
   b. Kap, tlotlása tsost.
   c. Nísan ugzoks.
   d. Dálgzo gzampéwar
```

图 12　测试题示例

在测试中，受试者需要针对每个问题选择适当的回答。需要注意的是，每个问题和答案不直接采用学习资料或幻灯片中的原始句子，是根据整个脚本的范围设计而成的，以确保不仅仅测试受试者记忆句子的能力。实际上，没有任何一题可以仅凭受试者对对话的记忆来正确回答。受试者需要从对话中学习，以选择正确的回答。测试中的每个题目都有四个选项，没有一个与他们所阅读或听到的对话完全相符。然而，根据对话中的信息，其中一个可用的选项既在目标语言上准确又有意义，一个选项是准确但不具有意义，一个选项有意义但不准确，还有一个选项既不准确也不具有意义。图 13 显示了一个测试题目示例。

```
1. Tsost (Hi)
   a. A ku tsost. (And you hi) (meaningful but not accurate)
   b. Kap, kun a? (Sure, you have) (neither accurate nor meaningful)
   c. Tsost. Wap so na? (Hi, how are you) (both accurate and meaningful)
   d. Eshkákmwo. (Later) (accurate but not meaningful)

2. Wap so na?
   a. Gédzo. A kus? (meaningful but not accurate)
   b. Ta. A na? (accurate but not meaningful)
   c. Gédzo. A ku? (both accurate and meaningful)
   d. Ta. Nísan shéswan. (neither accurate nor meaningful)
```

图 13　选择题示例

在答题卡的设计方面，两种答题卡的内容相同，但为了方便将数据输入 Excel 进行分析，本研究预先标记了答题卡，分别将其标记为表格 1 和表格 2，以便于编码。实验组的答题卡为表格 1，对照组的答题卡为表格 2。这两种答题卡都有两面。一面是问题编号和供受试者圈出的答案，另一面是含有几个问题的问卷调查，是为了调查受试者在学习期间使用的学习策略，如图 14 所示。

```
☐ I silently read the dialogs "out loud" to myself over and over.
☐ I tried to imagine seeing Wam, Osha, and Kar having their conversation.
☐ I went over the vocabulary list, testing myself item by item.
☐ I covered up the next line of each dialog on the study sheet, to see if I could guess what it was.
☐ I tried to remember how Wam, Osha, and Kar's voices sounded as I read their lines to myself.
☐ I focused mainly on the dialogs I had to learn instead of the English, trying to remember how to translate them as I went.
```

图 14 问卷调查题目

依据上述分析，本研究提出以下两个研究假设：

H1：问卷调查中，报告使用心理意象的受试者的测试分数要比报告没有使用心理意象的受试者的测试分数高。

H2：实验组的测试分数要比对照组的测试分数高。

在实验过程中，为了结果的可靠性，本研究还在两个组之间保持了一致性。例如，如果我们在第一组使用了表格 1，那么在第二组我们就使用了表格 2。

6.2 数据分析与结果解释

本研究最终的数据分析共使用了 316 份有效测试，其中对照组和实验组各有 158 人。数据收集结束后，我们首先将原始数据输入 Excel 表格，然后将 Excel 表格中的文件导入 R Commander 软件进行数据分析。由于本研究的两个假设都是为了观察受试者在测试中的表现，因此测试的总准确性是 R Commander 中计算的主要因素。测试中的 10 个问题被重新编码，例如"it_accur1"代表问题 1，"it_accur2"代表问题 2，以此类推。如果答案正确，相应的变量值设为"1"。如果答案不正确，则变量值设为"0"。变量"tot_accur"则表示测试中正确答案的总数。

在统计分析中，被指定并考虑为准确性可能的预测因素的共有八个因素：六种学习策略（见图 15）和受试者接收的两个不同指示类型。变量"instruct_type"被赋予值"MI-instructed"，表示实验组，同时被赋予值"No-MI-instructed"表示对照组。

由于本研究其中一个假设是观察那些报告使用心理意象和那些报告不使用心理意象的受试者之间的差异，因此变量"imagine"被赋予变量值"yes"，表示他们使用心理意象，如果他们没有使用心理意象，则赋予变量值"no"。

| silent |
| imagine |
| vocab |
| covered |
| remember |
| dialogue |

图 15　学习策略的统计变量

为验证第一个假设，本研究首先使用 Shapiro-Wilk 检验对数据进行正态分布检测。对于"tot_accur"，Shapiro-Wilk 检验的 p 值为 0.000 388 9，小于 0.05，表明数据不符合正态分布，不适合进行区间水平的处理。因此，本研究使用了 Wilcoxon 检验。结果显示，在问卷调查中，使用心理意象的受试者的测试分数（中位数 =24）明显高于未使用心理意象的受试者的测试分数（中位数 =15）（$p = 0.001\ 5$, $p < 0.05$）。因此，本研究的第一个假设得到了验证。

为验证第二个假设，本研究分别对实验组和对照组的数据进行了分析。首先，对实验组的数据进行了正态分布检测，使用了 Shapiro-Wilk 检验。对于"tot_accur"，Shapiro-Wilk 检验的 p 值为 0.027 83，小于 0.05，表明数据不服从正态分布，不适合进行区间水平的处理。随后，进行 Wilcoxon 检验，结果显示在实验组中使用心理意象的受试者与对照组中未使用心理意象的受试者在"tot_accur"上存在显著差异（$p=0.001\ 3$, $p < 0.05$）。此外，实验组中使用心理意象的受试者与未使用心理意象的受试者的总准确度中位数分别为 21 和 5（见表 1）。

表 1　实验组数据分析结果

使用心理意象（是 / 否）	总准确度中位数	样本量
是	21	127
否	5	31

接下来，本研究继续使用 Shapiro-Wilk 检验对对照组的数据进行正态分布检测，对"tot_accur"进行 Shapiro-Wilk 检验的 p 值是 0.000 409 1，小于 0.05，表明数据不服从正态分布，不能作为区间水平处理。随后进行 Wilcoxon 检验，结果表明在对照组中使用心理意象与未使用心理意象受试者的"tot_accur"之间有显著差异（$p = 0.0002$，$p < 0.05$）。并且，对照组中使用心理意象与未使用心理意象受试者的总准确度中位数分别为 14 和 6（见表 2）。

表 2　对照组数据分析结果

使用心理意象（是/否）	总准确度中位数	样本量
是	14	92
否	6	66

因此，对于本研究的两个假设进行的检验结果都表明，报告使用心理意象的受试者在测试中有更好的表现，相比之下，报告未使用心理意象的受试者表现较差。此外，在实验组中引入心理意象干预的措施，激发了受试者使用心理意象的能力，并显著提高了他们在测试中的准确性。因此，本研究表明，在学习者缺乏目标语言的并行感官输入的情况下，他们有能力创造心理意象，并将其作为替代的并行感官输入的方法，从而提高他们在目标语言交流方面的能力。

6.3 对硬科学语言学理论与心理意象关联的讨论

在本研究中，我们探讨了硬科学语言学理论与心理意象之间的关联。心理意象是一种认知策略，通过在学习过程中引入情景和情感因素，以促进语言学习和记忆。而硬科学语言学理论关注的是语言结构、规则和形式等方面的研究。我们的研究结果表明，在新的语言的学习过程中，使用心理意象的受试者在语言学测试中表现更好。

这一发现与硬科学语言学理论的某些观点相一致。硬科学语言学理论强调了语言习得与认知过程之间的紧密关联。根据这一理论，语言习得不仅是机械地学习和应用语言规则，而且涉及学习者对语言的感知、理解和内化的过程。心理意象作为一种认知策略，可以帮助学习者在语言学习中更全面地参与认知过程。通过使用心理意象，学习者能够将语言与情境、情感和意义联系起来。这种联系可以促进学习者对语言的深入理解,并帮助他们构建更为丰富和准确的语言知识网络。学习者可以通过情景想象和情感体验来增强对语言材料的记忆,并将其应用于不同的语言任务中。这种综合认知过程可以帮助学习者更好地掌握和运用语言规则,提高语言学习的效果。同时,心理意象还可以激发学习者的动机和兴趣,促使他们更主动地参与语言学习。通过将语言与情感和情境相结合,学习者可以更好地体验到语言的实际运用和交际功能。这种情感参与和语言体验可以增强学习者对语言学习的投入和积极性,从而提高他们在语言学测试中的表现。总之,硬科学语言学理论的某些观点与本研究发现的一致性强调了语言学习中认知、情感和意义的综合作用。心理意象作为一种认知策略,在促进语言学习中起到重要的作用。未来的研究可以进一步探索心理意象与语言认知、学习动机和语言应用能力之间的关系,以丰富我们对语言学习过程的理解,并为语言教学提供更有效的指导和方法。

此外,我们的研究还为硬科学语言学理论提供了进一步的研究方向,尤其是关于心理意象的具体认知和神经机制的探索。虽然我们观察到心理意象在语言学习中的积极影响,但我们仍需要更深入地了解它是如何影响学习者的认知过程和神经活动的。一个关键的研究方向是探索心理意象与语言结构和形式之间的关系。我们需要进一步研究心理意象在语言学习中的具体作用,以及它如何影响学习者对语言规则、词汇和句法结构的理解和应用。这可能涉及神经机制的研究,例如使用神经影像技术来观察学习者在使用心理意象时的大脑活动,以及在语言结构处理中的变化。另外,我们还可以进一步探索心理意象与学习者的认知策略、记忆和注意力之间的关系。了解学习者如何使用心理意象来辅助记忆和加强注意力,可以帮助我们设计更有效的语言学习方法和教学策略。这方面的研究可以结合实验心理学和认知神经科学的方法,以全面理解心理意象对学习者的认知加工过程的影响。我们还可以进一步研究心理意象在不同语言学习环境和人群中的效果。例如,我们可以比较不同年龄段、不同语言背景和不同学习目标的学习者在使用心理意象时的表现差异。这将有助于我们了解心理意象在不同学习情境下的适用性和效果,并为个性化的语言学习方法提供依据。通过对心理意象的具体认知和神经机制的深入研究，我们可以进一步加深对语言学习过程的理解，并为语言教学和教育实践提供更有针对性的建议和方法。这将有助于改善语言学习者的学习效果及其能力发展，推动语言学习领域的科学发展。

总的来说，本研究为硬科学语言学理论与心理意象之间的关联提供了实证支持。我们的研究结果有助于语言学习理论的研究，并为语言教学提供实践指导，尤其是在提高学习者的语言能力和应用能力方面。未来的研究可以进一步探索心理意象的机制，并将其应用于不同的语言学习环境中，以全面了解其在语言学习中的作用和效果。

第 7 章 硬科学语言学在语言教学中的应用研究

7.1 硬科学语言学方法在语言教学中的应用

硬科学语言学是一种基于实证研究和定量分析的语言学方法，它在语言教学领域中的实践日益受到重视。通过应用硬科学语言学方法，语言教师能够更深入地了解语言结构、语音、语法等方面的规律，并将其应用于语言教学中。

在语言教学中，硬科学语言学方法可以帮助教师提供系统化的语言教学课程，使学习者能够更快地掌握语言技能。这种方法的核心是基于语言数据的分析和研究。通过收集和分析大量的语言样本和语言数据，教师可以确定学习者需要重点关注的语言特征和问题，并设计相应的教学活动来强化学习者的语言能力。

硬科学语言学方法还可以帮助教师评估学习者的语言发展和进步。通过定量的语言分析工具和技术，教师可以对学习者的语言水平进行客观评估，并根据评估结果提供个性化的教学指导。这种方法使教师能够更加有效地了解学习者的学习需求，并提供有针对性的教学支持。

7.1.1 语言习得理论

硬科学语言学的研究为语言习得理论提供了理论基础。教师可以根据习得理论的指导，设计和实施有效的语言教学方法。例如，根据认知语言习得理论，教师可以提供有意义的、情境化的语言输入，帮助学生通过语境理解和模仿来习得语言。

硬科学语言学方法通过大量的语言数据分析和研究，揭示了语言习得的规律和过程。这些研究结果为教师提供了有价值的信息，可以指导他们在语言教学中如何有效地促进学生的语言习得。例如，研究发现，学习者在真实的交际情境中接触到的语言输入更容易引起他们的注意和兴趣，从而促进语言的习得。因此，教师可以通过创造真实的交际环境，如角色扮演、讨论活动等，帮助学生获得更有意义的语言输入。

此外，硬科学语言学的研究还揭示了语言习得中的认知过程。教师可以利用这些研究成果来设计启发性的教学活动，促使学生在语言习得中进行思考和理解。例如，根据认知语言习得理论，教师可以引导学生进行问题解决、推理和比较等认知活动，从而帮助他们建立语言的认知结构和规则。硬科学语言学的研究还涉及语言习得的评估和反馈。教师可以借助定量分析工具和技术，对学生的语言发展进行客观评估，并及时提供针对性的反馈和指导。这种个性化的反馈有助于学生更好地了解自己的语言水平和问题，并能够有针对性地调整学习策略和提高语言表达能力。

硬科学语言学方法为语言教学提供了实证研究的基础，为教师设计和实施有效的语言教学方法提供了指导。通过应用习得理论和认知语言习得的原理，教师可以创造有意义的语言环境，激发学生的语言学习兴趣，并通过认知活动和个性化的评估反馈，帮助学生更好地习得和发展语言能力。这种综合应用硬科学语言学方法的教学实践有助于提高语言教学的效果，促进学生的语言习得过程。

7.1.2 语言认知和意识

硬科学语言学的研究揭示了语言加工和认知之间的密切关系。语言加工不仅涉及表层的语言结构和规则，还涉及学习者对语言的认知过程。通过引导学生思考和探索语言中的语音、词汇、语法和语用等方面的问题，教师可以帮助他们建立更深入的语言认知。例如，教师可以引导学生思考词汇的词义、句子的语法结构、语篇的连贯性等方面的问题，从而促进学生对语言的综合理解。

此外，意识在语言学习和使用中扮演着重要的角色。通过引导学生意识到自己在语言学习过程和语言使用中的问题，可以帮助他们成为更加自主和灵活的语言学习者。例如，教师可以引导学生反思自己的语言输出是否准确、流畅和恰当，帮助他们意识到自己的语言错误和改进的方向。这种意识的培养有助于学生主动地调整学习策略、纠正语言错误，并提高自己的语言表达能力。意识还涉及学生对跨文化和社会语言使用的理解。通过引导学生思考和讨论不同文化和社会背景下的语言使用规范和习惯，教师可以帮助学生培养跨文化意识和语言敏感性。这种意识的培养有助于学生在跨文化交际中更加有效地运用语言，并避免误解和冲突。

硬科学语言学方法的应用可以促进学生的语言认知和意识的发展。教师通过引导学生思考和探索语言的不同方面，并培养他们的自主意识和跨文化意识，可以帮助学生更好地理解和运用语言，提高语言学习的质量和效果。这种深层的语言意识对学生的语言发展和跨文化交际能力具有重要意义。

7.1.3 语音和发音教学

硬科学语言学的音韵学和语音学研究为语音和发音教学提供了重要的依据。教师可以利用这些研究成果，教授学生正确的发音技巧和语音特征，并通过听辨练习帮助学生提高对不同语音的感知和辨别能力。

硬科学语言学的音韵学和语音学研究涵盖了语音的各个方面，包括音素、音节、音调、语音连续性等。教师可以根据这些研究成果，设计具体的发音教学策略，帮助学生掌握目标语言的发音规律。例如，教师通过对比学生母语和目标语言的音系差异，指导学生纠正发音错误，并重点强调目标语言中与学生母语不同的音素和语音特征。

在发音教学中，听辨练习是至关重要的一环。通过听辨练习，学生可以提高对不同语音的感知和辨别能力，从而加深对目标语言的发音特征的理解。教师可以利用硬科学语言学中的听辨技术和工具，如声谱图分析、声音对比等，帮助学生准确地分辨和模仿不同的语音。

此外，硬科学语言学的研究还涉及口腔和声带的生理特征与发音的关系。教师可以借助这些研究成果，向学生解释和演示正确的口腔位置和声带运动，以达到帮助学生正确发音的目的。通过具体的示范和口腔肌肉的训练，学生可以更好地掌握目标语言的发音技巧，并逐步提高自己的发音准确性。

硬科学语言学的音韵学和语音学研究为语音和发音教学提供了科学的依据。通过教授学生正确的发音技巧和语音特征，并通过听辨练习提高学生对不同语音的感知和辨别能力，教师可以帮助学生更好地掌握目标语言的发音要点，提高口语表达的准确性和流利度。这种综合运用硬科学语言学的发音教学方法有助于学生发展良好的语音学习能力，提高其与他人的交流和理解能力。

7.1.4 语用和交际教学

硬科学语言学的语用学研究为交际教学提供了指导。教师可以帮助学生理解语用规则和交际策略，培养学生在不同交际场景中运用语言的能力，并培养他们的跨文化交际能力。

硬科学语言学的语用学研究关注语言的使用和交际目的。教师可以根据语用学的研究成果，向学生介绍不同交际场景下的语用规则和社交礼仪，帮助他们理解言语行为的意图和影响。通过探索和讨论实际语用情境，学生可以更好地理解语言的意义和背后的社会交际规范。

交际策略是语用学的重要内容之一，教师可以引导学生学习和运用不同的交际策略，以适应不同的交际目的和对话情境。例如，学生可以学习如何使用礼貌用语、修辞手法和话题转换等策略，以实现更有效的交际和沟通。教师可以通过示范和角色扮演等方式，帮助学生在实际交际中运用这些策略，并提供指导和反馈。

跨文化交际能力是当今全球化时代的重要能力之一。硬科学语言学的语用研究也关注跨文化交际中的语言差异和误解。教师可以帮助学生了解不同文化背景下的交际风格、礼仪和语用规则，培养他们的跨文化敏感性和适应能力。通过跨文化交际的实践活动和案例研究，学生可以更好地理解和应对不同文化之间的交际挑战。

综上所述，硬科学语言学的语用学研究为交际教学提供了重要的指导。教师可以通过教授语用规则和交际策略，帮助学生提高在不同交际场景中运用语言的能力，并培养他们的跨文化交际能力。这种综合运用语用学的交际教学方法有助于学生提高交际能力，加深跨文化理解。

7.2 语用学和认知语言学在语言教学中的应用

语用学和认知语言学是硬科学语言学的两个重要分支，它们在语言教学中的应用具有重要意义。教师可以借助语用学和认知语言学的理论和方法，提供更有效的语言教学和学习体验。

语用学研究语言的使用和交际目的，注重言语行为的意图、影响和社会交际规范。教师可以应用语用学的原理，帮助学生理解和掌握不同语言表达方式在不同交际场景中的适用性。教师通过教授语用规则、交际策略和社交礼仪，可以培养学生的交际能力，使他们能够自如地运用语言与他人进行有效的沟通。同时，教师还可以通过模拟真实的语用情境，引导学生进行角色扮演和交际实践，从而提高他们在实际交际中的语用意识和运用能力。

认知语言学研究语言习得和处理的认知过程，关注学习者对语言结构、意义和使用的认知能力。教师可以应用认知语言学的理论和方法，设计和实施有效的语言教学策略。根据认知语言习得理论，教师可以提供有意义的、情境化的语言输入，帮助学生通过语境理解和模仿来习得语言。同时，教师可以引导学生进行语言反思和元认知，帮助他们认识自己的学习过程和策略，并激发他们主动参与学习和探索问题的意愿。通过应用认知语言学，教师可以提升学生的学习效果，培养他们的语言学习能力和元认知能力。

7.2.1 交际能力的培养

在语言教学中，培养学生的交际能力是至关重要的。交际能力指的是学生在真实的交际情境中有效地运用语言与他人进行沟通和交流的能力。下面将探讨交际能力的重要性和定义，并介绍语用学和认知语言学在培养交际能力方面的作用。此外，还会介绍一些教学方法和活动，如角色扮演和情景模拟等，以促进学生交际能力的发展。

交际能力对于语言学习者来说具有重要的意义。它不仅涉及语言的准确性和流利度，还包括学习者在交际中理解和运用语言的能力。具备良好的交际能力可以使学生更好地与他人进行沟通、表达自己的观点和理解他人的意图。在现实生活和职业发展中，良好的交际能力是建立良好人际关系、解决问题和达成共识的关键要素。

语用学和认知语言学为培养学生的交际能力提供了理论和方法支持。语用学关注言语行为的意图、影响和交际规范，帮助学生理解不同交际场景中的语言使用方式。认知语言学研究语言习得和处理的认知过程，提供认知策略和元认知技巧，帮助学生更好地理解和运用语言。

语用学的应用可以帮助教师教授语用规则、交际策略和社交礼仪。通过教授言语行为的意图、社交礼仪和语用规则，学生可以更准确地理解他人的意图和表达，并在交际中选择恰当的语言策略。此外，教师可以利用语用学的理论和方法，设计教学活动，如情景模拟和真实交际任务，帮助学生在真实的交际情境中实践和运用所学的语言知识和技能。

在培养学生的交际能力方面，教师可以采用各种教学方法和活动，以创造真实的交际情境并鼓励学生的积极参与。其中，角色扮演是一种常用的教学方法。通过扮演不同角色，学生可以身临其境地体验交际场景。这种活动可以帮助学生提高语言表达和理解的能力，同时培养他们的合作和沟通技巧。

另外，情景模拟也是一种有益的教学活动。教师可以设计具体的情境，让学生在这些情境中使用所学语言进行交流。例如，模拟餐厅点餐、商店购物或旅行预订等情景，学生可以运用所学的语言知识与他人进行交流。这种活动可以使学生更好地适应真实的交际环境，锻炼他们的语言应用能力和交际策略。

除了角色扮演和情景模拟，教师还可以组织讨论活动、合作项目和真实交际任务等，以促进学生的交际能力发展。这些活动可以激发学生的兴趣和参与度，提供真实的语言输入和输出机会，帮助他们在实际交际中应用所学的语言技能，进一步提升他们的交际能力。

交际能力的培养在语言教学中具有重要意义。借助语用学和认知语言学的理论和方法，教师可以设计多样化的教学方法和活动，培养学生的语言运用能力、交际策略和合作技巧，使他们能够自信、流利地与他人进行有效的交流和互动。

7.2.2 语言使用的认知过程和策略的训练

语言使用涉及复杂的认知过程和决策，学习者需要运用不同的认知策略来有效地处理和理解语言。在教学中，理解语言使用的认知过程以及训练相关的策略对于学生提高语言使用能力和效率至关重要。

语言使用的认知过程涉及信息处理和语篇理解等方面。学习者在接收和处理语言信息时，先要注意和选取相关的信息，并将其编码为可理解的形式。然后，学习者会进行语篇理解，将语言信息组织起来，并理解其中的逻辑关系和含义。这个过程包括理解句子和段落的结构、推断词义和意图、分析语境等。通过对语言信息的认知加工，学习者能够更好地理解和应用所学的语言知识。

在教学中，可以运用认知策略来帮助学生提高语言使用能力和效率。一种常用的教学方法是教授学生各种认知策略，并提供相应的练习来加强学生对这些策略的应用。以下是一些常见的认知策略和对应的教学方法。

（1）预测：学习者可以通过阅读标题、段落首句等信息来预测接下来的内容。教师可以引导学生进行预测的练习，并鼓励他们根据上下文和已有的知识来作出合理的预测。这有助于学生提前激活相关的背景知识，并加深对文本的理解。

（2）推理：学习者可以通过推理来填补文本中的信息空缺或理解隐含的意思。教师可以提供一些文本材料，让学生进行推理的练习，并引导他们从已有的线索中进行推断和解释。这有助于学生培养逻辑思维和推理能力，提高对语言信息的深度理解。

（3）总结：学习者可以通过总结来概括和归纳文本的主要内容和要点。教师可以引导学生进行文本总结的练习，并提供相关的指导和反馈。通过总结的训练，学生能够更好地提炼出文本中的关键信息，加深对语篇结构和逻辑关系的理解。

此外，还可以结合技术工具和多媒体资源来辅助认知策略的训练。例如，学生可以使用在线词典和语料库来理解词义和用法，或者使用语音识别软件来提高听力理解能力。这些工具可以激发学生主动学习，并为其提供实时的反馈和指导，从而促进他们在语言使用的认知过程中提高能力。

在教学中关注语言使用的认知过程和策略的训练对于学生提高语言使用能力和效率至关重要。通过教授认知策略和提供相应的练习，学生能够更好地理解和应用语言信息，并加深对语言的认知加工过程的理解。结合技术工具和多媒体资源的应用，可以进一步促进学生在语言使用中的认知发展和提高。

7.3 硬科学语言学在语言教学中的优势

硬科学语言学在语言教学中的优势一直备受关注。随着语言学领域的发展和技术的进步，越来越多的教育者和研究人员开始认识到硬科学语言学的重要性，并将其应用于语言教学实践中。硬科学语言学通过严谨的研究方法和实证数据，致力于揭示语言现象的本质和规律，为语言教学提供了有力的支持和指导。因此，探讨硬科学语言学在语言教学中的优势，并探寻它如何促进学生的语言学习和效果十分必要。无论是在第二语言习得领域还是母语教学环境中，硬科学语言学的应用都显示出了独特的价值和潜力。

7.3.1 基于硬科学研究的教学方法可以提高教学效果

在基于硬科学研究的教学方法中，硬科学语言学强调系统性和结构性的教学设计。通过对语言结构和规律的深入研究，教师可以根据学生的学习需求和目标，制定有针对性的教学计划。这些教学计划基于硬科学的理论框架，将语言知识和技能分解成可操作的单元，帮助学生逐步建立起扎实的语言基础。

在语音教学方面，基于硬科学研究的教学方法使教师能够针对学生的个别发音难点提供个性化的指导。通过科学分析声音产生和感知的过程，教师可以识别出学生可能存在的发音误区，并通过特定的练习和技巧帮助他们解决这些问题。例如，利用声学分析技术，教师可以准确地检测学生的发音差异，然后针对性地进行发音训练，帮助学生提高发音准确性。此外，科学研究还揭示了不同语音之间的联系和变化规律，教师可以利用这些规律，帮助学生更好地理解和掌握语音的变体和连读现象，从而提高他们的听力和口语表达能力。

在语法教学方面，基于硬科学研究的教学方法有助于教师更好地理解和传授语法规则。通过对语法结构的分析和语言数据的研究，教师能够把握语法知识的核心要点，并设计有效的教学活动来帮助学生理解和应用这些规则。此外，科学研究还揭示了语法现象的认知过程和习得顺序，教师可以根据这些认知规律，制订渐进性的教学计划，帮助学生逐步掌握和运用语法知识。例如，基于语料库研究的结果，教师可以选取真实语言样本，让学生通过语境推测和分析来理解语法规则的使用，从而提高他们对语法的理解和应用能力。

在语义教学方面，基于硬科学研究的教学方法有助于教师深入探究词汇和句法结构的含义和使用。通过对语义关系和语义场的研究，教师可以帮助学生更好地理解词汇的义项和上下文的语义关系。此外，通过语料库研究和语义分析，教师可以教授学生词汇的真实用法和搭配习惯，使学生能够在实际交际中更加自然地运用词汇和句法结构。例如，通过语义网络的教学方法，教师可以将相关的词汇和概念联系在一起，帮助学生建立起更为丰富和准确的词汇网络，提高他们的词汇理解和表达能力。

硬科学研究的成果，为教师提供了有效指导学生的教学策略和方法，帮助学生更加系统地掌握语言知识和技能。基于硬科学研究的教学方法还保障了语言教学的科学性和可靠性，提高了教学效果，并培养了学生的语言学习能力。

硬科学语言学强调对语言现象的系统性研究，通过深入分析语言的各个方面，为教学提供科学的基础和指导。这种系统性的研究方法使教师能够向学生传授准确的语言知识，从语音到词汇、语法，再到语用，涵盖了语言的多个层面。通过系统性的学习，学生能够更好地理解语言的结构和规律，建立起扎实的语言基础。这种系统性和准确性的语言知识传授不仅提高了学生的语言水平，也为他们在实际应用中更加自如地运用语言打下了坚实的基础。

7.3.2 硬科学语言学在教学中具有纠错功能

硬科学语言学在语言教学中的应用能够帮助教师发现和纠正学生在语言使用上的错误。通过对学生语言产出的仔细分析和比对，教师能够准确地识别出学生在发音、词汇、语法或语用等方面存在的问题。在发音方面，教师可以借助科学研究的成果，分析学生的发音错误类型和模式。例如，教师可以发现学生常犯的发音错误，如辅音的替换、元音的错误发音或语音重音的位置不准确等。通过这些观察和分析，教师可以有针对性地提供发音训练和反馈，帮助学生改正发音错误，提高他们的语音准确性。在词汇和语法方面，硬科学语言学的方法也能够帮助教师识别学生在词汇选择、搭配或语法结构上的错误。通过分析学生的语言产出，教师可以发现学生在语言产出中词汇使用不准确或语法结构错误的情况。教师可以运用科学的方法，指导学生正确使用词汇，并通过针对性的练习和反馈帮助他们纠正语法错误，提高语言使用的准确性。

硬科学语言学的方法还能够帮助教师发现学生在语用方面的误区。教师可以观察学生在交际中的语言使用情况，发现他们可能存在的语用误区，如不恰当的语境运用、不合适的语言表达方式或对文化交际的误解等。基于硬科学语言学的研究成果，教师可以提供相应的指导和反馈，帮助学生纠正语用上的错误，提高语言交际的准确性和适应性。

硬科学语言学的研究为教师提供了强有力的工具，帮助他们发现和纠正学生在语言使用上的错误和误区。通过科学的分析和反馈，教师能够个性化地指导学生，使他们不断提高语言表达的准确性及语言水平。这种个性化教学将使学生更自信、更流利地运用语言，并在语言交际中取得更好的效果。

7.3.3 硬科学语言学的应用有助于教师对个体差异的理解和适应

学生在语言学习方面存在着个体差异，包括学习风格、学习速度、学习策略等方面。这些个体差异对于教师来说是必须考虑和应对的。硬科学语言学的研究为教师提供了更深入地理解和更灵活地应对个体差异的方法。

一方面，了解学生的学习风格对于个性化教学至关重要。学生的学习风格可以分为视觉型、听觉型、动觉型等不同类型。视觉型学生更倾向于通过观察图表、图像和视频来学习，而听觉型学生更适应通过听力材料和口头讲解进行学习，动觉型学生则更适合通过实际操作和体验式学习来掌握知识。教师可以运用硬科学语言学的研究成果了解学生的学习风格，并针对不同类型的学生提供相应的教学资源和活动。例如，为视觉型学生提供图表、图像和视频，为听觉型学生提供音频材料和口头讲解，为动觉型学生提供实践操作和体验式学习的机会。这样的个性化教学方法能够更好地满足学生的学习需求，提高他们的学习效果。另一方面，学生的学习速度和学习策略也存在差异。有些学生可能具有较快的学习进度，能够迅速掌握新知识，而其他学生则可能需要更多的时间来理解和消化学习内容。此外，学生的学习策略也有所不同。教师可以借助硬科学语言学的研究成果，了解学生的学习速度和学习策略，为他们提供个性化的学习支持。例如，对于学习速度较快的学生，教师可以提供额外的挑战性任务和深入探究的机会，以保持他们的学习动力和兴趣。而对于学习速度较慢的学生，教师可以提供更多的复习机会和辅助材料，帮助他们巩固基础知识。此外，教师还可以鼓励学生分享和交流学习策略，让他们从彼此的经验中获益，共同提高学习效果。

另外，学生的母语和文化背景对于语言学习也有重要影响。硬科学语言学的研究可以帮助教师更好地了解学生母语与目标语言之间的差异和联系。了解学生母语和目标语言在语音、词汇、语法等方面的异同，可以帮助教师预测学生可能出现的语言障碍，并有针对性地提供解释和指导。此外，硬科学语言学的研究还可以帮助教师了解学生的文化背景和交际习惯，有助于教师更好地教授语用知识和跨文化交际技巧。教师可以为学生提供关于文化差异和跨文化交际的教育，帮助他们理解不同文化间的语言使用差异，培养跨文化交际能力。

通过深入理解学生的个体差异，教师能够更加精准地提供个性化的教学支持，以满足学生的学习需求。这种个体差异的理解和适应不仅可以提高学生的学习效果，还可以增强他们的自信心和学习动力，使他们更积极地参与语言学习，并取得更大的进步。同时，教师通过了解学生的个体差异，也能够更好地调整教学策略和资源，为学生提供更有针对性的学习指导，激发他们的学习兴趣和动力。对个体差异的理解和适应使得语言教学更加灵活、个性化，从而提高学生的学习体验和成果。

第8章 探索心理意象与硬科学语言学的前沿研究

8.1 语言数据与心理意象模型的整合

8.1.1 语言数据的收集与分析

在探索心理意象与硬科学语言学的前沿研究中，整合语言数据和心理意象模型是一项关键任务。语言数据提供了关于语言使用的实际表现，而心理意象模型则提供了关于语言背后的意图和目的的认知框架。将这两者进行整合可以深入理解人们在语言交际中的心理过程和意图推理。

为了整合语言数据和心理意象模型，研究者需要广泛收集和深入分析大量的语言数据。语言数据的来源多种多样，可以包括现实语境中的对话、书面文本、社交媒体等。这些数据涵盖了不同语境下的语言使用情况，从口语交流到书面表达，从日常对话到专业文本，从个人观点到社会互动。通过收集具有不同来源和不同语境的语言数据，研究者可以获得更全面和多样化的语言样本，有助于深入理解人们在语言交际中的心理过程。

为了处理和分析这些语言数据，研究者可以借助自然语言处理技术和语料库语言学方法。自然语言处理技术可以帮助研究者自动提取语言数据中的特征和信息，例如词汇频率、词义关系、语法结构等。这些技术可以加快数据分析的速度和准确性，使研究者能够更有效地挖掘语言数据中的潜在信息。

此外，语料库语言学方法也是整合语言数据和心理意象模型的重要工具。语料库语言学依靠大规模的语言数据集合，通过统计分析和语言模式的挖掘，揭示语言使用的规律和特点。通过对语料库数据的查询和比对，研究者可以深入了解语言使用中的语义、语用、修辞等方面的特征。这些分析结果为构建心理意象模型提供了重要的实证依据和支持。

通过对语言数据的深入分析，研究者可以推断出潜在的心理意象和交流目的。例如，通过分析对话中的修辞手法、隐含信息和语境相关性，可以推断说话者的意图和目的。这种分析可以揭示语言背后的心理层面，帮助我们理解人们在语言交际中所追求的目标、传递的情感和传播的信息。这些分析结果为心理意象模型的构建提供了重要的实证依据和基础，增强了模型的可靠性和准确性。

收集和分析大量的语言数据是整合语言数据和心理意象模型的关键步骤。通过自然语言处理技术和语料库语言学方法的应用，研究者能够深入挖掘语言数据中的特征和信息，推断出潜在的心理意象。这些分析结果为心理意象模型的构建提供了实证依据，为我们更好地理解人们在语言交际中的心理过程和意图推理奠定了基础。

8.1.2 心理意象模型的建立与验证

心理意象模型的建立和验证也是整合语言数据和心理意象模型的重要步骤。心理意象模型是对人们在语言使用中的心理过程和意图推理的抽象描述。构建心理意象模型需要基于语言数据进行归纳和总结，将不同的心理意象归类并形成模型的框架。在模型的建立过程中，研究者需要考虑语言使用的多样性和复杂性。不同的文化背景、语言习惯以及个体差异都会影响人们的心理意象。因此，心理意象模型需要具备一定的灵活性和适应性，以能够涵盖不同语言使用情境和个体差异。

心理意象模型是一种理论框架，用于对人们在语言交际中的心理意图和目的进行建模。这些模型建立在心理学和认知科学的理论基础上，旨在揭示人们在语言使用中的心理过程和意图推理。研究者可以结合语言数据的分析结果和已有的心理意象理论，来构建和验证这些心理意象模型。通过心理意象模型，研究者可以解释为什么在特定的语境下，人们会选择特定的表达方式或使用特定的语言策略。模型的构建基于对语言数据的深入分析和对心理意象理论的理解。研究者可以利用语言数据中的语义、语用和修辞特征，以及情境信息,来解释人们在特定语境下的意图和目的。通过模型的应用,我们可以更好地理解人们在语言交际中的心理决策和信息处理过程。

验证心理意象模型的准确性和有效性是研究的重要环节。研究者需要将模型与实际语言数据进行比对和拟合。他们会分析实际语言数据中的语言使用模式和心理意象,与模型的预测进行对比。通过比对模型与实际数据的吻合程度,研究者可以评估模型的准确性和有效性。如果模型能够很好地拟合实际语言数据,并解释其背后的心理意象,那么可以认为该模型具有一定的解释力和预测能力。反之,如果模型与实际数据存在较大差异,研究者可以通过分析差异和反馈信息,进一步改进和发展模型,使其更加贴近实际情况。

通过构建和验证心理意象模型,研究者能够深入理解人们在语言交际中的心理过程和意图。这些模型的应用不仅可以为我们解释语言使用的心理机制,还可以为相关领域的实际应用提供指导。例如,在语言教学中,心理意象模型可以帮助教师设计更有效的教学策略,以满足学生的学习需求。在自然语言处理和人机交互领域,心理意象模型可以改善系统对用户意图的理解和响应能力。因此,构建和验证心理意象模型具有重要的理论和实践价值,可以推动心理意象与硬科学语言学前沿研究的进展。

8.2 心理意象与机器学习的交叉研究

心理意象与机器学习的交叉研究是在心理意象和机器学习领域的基础上,探索二者如何相互影响和相互促进。通过结合心理意象和机器学习的理论和方法,我们可以更好地理解和模拟人类的心理意象,并将其应用于机器学习算法和系统中。

在心理意象与机器学习的交叉研究中,一个重要的方向是将心理意象作为机器学习的输入特征或目标变量。心理意象包括情感、意图、目的等心理因素,对人类的语言行为和决策过程起着重要的驱动作用。将心理意象引入机器学习任务中,可以使机器学习系统更加智能化和人性化。例如,在情感识别任务中,引入心理意象的模型可以更准确地识别和理解文本中的情感色彩,从而提升情感分析的准确性和细致程度。另一个重要的研究方向是利用机器学习方法来建立和推断心理意象模型。机器学习算法具有强大的数据处理和模式识别能力，可以从大量的语言数据中学习和推断出心理意象模型的结构和参数。通过机器学习的方法，我们可以自动发现和提取语言数据中的心理意象特征，并将其转化为可操作的模型。这种基于机器学习的心理意象模型可以帮助我们更好地理解和预测人类的语言行为，为语言学习、情感识别、对话系统等领域提供支持和应用。

此外，机器学习方法还可以为心理意象研究提供强大的数据分析和模型优化工具。通过机器学习算法对语言数据进行分析和挖掘，我们可以发现隐藏在数据中的心理意象模式和规律。机器学习还可以帮助我们优化心理意象模型的结构和参数，提高模型的准确性和泛化能力。

在心理意象与机器学习的交叉研究中，还需要解决一些挑战和问题。首先，如何有效地将心理意象转化为机器学习任务的输入或输出仍然是一个挑战。心理意象的表达和推断涉及语义、语用、修辞等复杂的语言现象，如何准确地捕捉和表示这些心理意象是一个需要深入研究的问题。其次，心理意象与语言的多样性和复杂性密切相关，如何在机器学习算法中考虑和模拟这种多样性也是一个挑战。最后，如何将机器学习的方法与心理学理论相结合，构建具有可解释性的心理意象模型，是一个值得探索的方向。

综上所述，心理意象与机器学习的交叉研究旨在将心理意象的理论和方法与机器学习算法相结合，促进心理意象的理解、模拟和应用。这一研究方向将有助于人工智能和自然语言处理领域的发展和创新，推动心理意象与硬科学语言学的前沿研究。

8.3 心理意象与硬科学语言学的融合与展望

心理意象与硬科学语言学的融合是当前语言研究的一个重要趋势，旨在更全面地理解和解释人类语言行为背后的心理过程。通过将心理意象的概念和方法与硬科学语言学的理论和实证研究相结合，我们可以在更深层次上探索语言使用的意义和效果，深入了解人类的心理机制和意向推理的复杂性。

首先，心理意象的融合使我们能够更好地理解和解释语言使用中的意图和目的。语言使用不仅可以传递信息，而且可以通过言辞选择和语言行为来表达意图和目的。通过心理意象的研究，我们可以探索说话者在特定语境中选择特定言辞背后的动机和目的。这有助于揭示言语行为背后的心理过程，使我们能够更准确地理解和解释语言行为的意义，从而提升我们对他人言辞背后意图的推断能力。

其次，心理意象与硬科学语言学的融合促进了对言语行为的认知过程的研究。心理意象模型提供了一种认知框架，帮助我们理解和解释人们在言语交际中的信息加工、推理和推断过程。通过研究心理意象与认知语言学的关系，我们可以揭示语言理解和生成的认知机制，进一步完善语言学习和教学的理论和方法。通过认知科学和语言学的交叉研究，我们能够深入了解人们在使用语言时的思维过程，从而为语言教育和语言技术的发展提供指导。

最后，心理意象与硬科学语言学的融合也推动了语言技术和人工智能的发展。通过将心理意象的概念和模型应用于自然语言处理及对话系统等技术领域，我们可以实现更智能化、个性化和人性化的语言应用。心理意象模型为语言技术提供了更深入的语义和语用分析，使计算机能够更准确地理解和响应人类语言行为。这对于构建智能对话系统、情感识别和情感生成等方面都具有重要意义，提升了人机交互的自然度和效果。

在未来的发展中，心理意象与硬科学语言学的融合仍有许多挑战和机遇。一方面，我们需要进一步探索心理意象的概念和模型，不断完善和优化其理论基础和实证方法。这包括深入研究心理意象的多层次结构、心理推断的认知机制等方面，以建立更为准确和全面的心理意象模型。另一方面，我们需要开发更精确和可解释的技术工具，以支持心理意象的研究和应用。这涉及自然语言处理、机器学习等技术的发展，需要结合心理意象模型和大规模语言数据的分析，进一步提升语言技术的效能和智能程度。

同时，我们还需要深入研究心理意象与语言多样性、文化差异等因素的关系，以建立更全面和综合的心理意象理论。不同的语言和文化背景可能会影响人们心理意象的形成和解读方式，因此在心理意象与硬科学语言学的研究中考虑多样性是至关重要的。这将促进我们对跨文化交际、多语言语境下的心理意象的推断和语言理解的认知过程有更深入的理解，进而推动语言学和心理学的交叉发展。

总之，心理意象与硬科学语言学的融合为我们深入理解语言使用的心理过程和意图提供了新的视角和方法。这一融合将推动语言研究和语言技术的发展，为我们更好地理解和运用语言提供新的可能性和机遇。在未来的研究和应用中，我们可以期待心理意象与硬科学语言学的融合能够为人们的语言交际、教育和技术应用带来更大的益处和效果。通过不断深入研究和跨学科合作，我们将能够揭示语言背后更深层次的意图，对人类语言行为的理解和应用产生更深远的影响。

参考文献

[1] ANNAS J. Platonic ethics, old and new[M]. London: Cornell University Press, 1999.

[2] ARISTOTLE. On memory and reminiscence[M]. J I Beare, trans. London: Bristol Classical Press, 1998.

[3] AITCHISON J. The articulate mammal: an introduction to psycholinguistics[M]. New York: Routledge, 2013.

[4] ALLOPENNA P D, MAGNUSON J S, TANENHAUS M K. Tracking the time course of spoken word recognition using eye movements: evidence for continuous mapping models[J]. Journal of memory and language, 1998, 38 (4): 419-439.

[5] BAR M. A cognitive neuroscience hypothesis of visual imagery[J]. Psychological review, 2003, 110 (4): 839-856.

[6] BARSALOU L W. Perceptual symbol systems[J]. Behavioral and brain sciences, 1999, 22 (4): 47-52.

[7] BATES E, MACWHINNEY B. Competition, variation, and language learning[M]//MACWHINNEY Mechanisms of language acquisition.England: Lawrence Erlbaum Associates, 1987.

[8] BORGHI A M, CIMATTI F. Embodied cognition and beyond: acting and sensing the body [J]. Neuropsychology, 2010, 48 (3): 763-773.

[9] BURNYEAT M F. The theaetetus of plato[M]. Indianapolis: Hackett Publishing, 2000.

[10] CABEZA R, KINGSTONE A. Handbook of functional neuroimaging of

cognition[M].2nd ed. Cambridge, MA: MIT Press, 2006.

[11] CHARLTON W. Aristotle's psychology[M]. New York: Routledge, 2002.

[12] CHOMSKY N. Syntactic structures[M]. Berlin: Mouton de Gruyter, 1957.

[13] CHOMSKY N. A review of B. F. Skinner's verbal behavior[J]. Language, 1959, 35 (1): 26-58.

[14] CHOMSKY N. Syntactic structures[M]. Berlin: Walter de Gruyter, 2002.

[15] CLARK E V. First language acquisition[M]. Cambridge: Cambridge University Press, 2009.

[16] COOPER J M. Plato: complete works[M]. Indianapolis: Hackett Publishing, 1999.

[17] CRYSTAL D. Language and the internet[M]. Cambridge: Cambridge University Press, 2006.

[18] CRYSTAL D. The Cambridge encyclopedia of language[M].Cambridge: Cambridge University Press, 2011.

[19] DE HOUWER A. Bilingual first language acquisition[M]. Bristol: Multilingual Matters, 2009.

[20] DEKEYSER R M. The robustness of critical period effects in second language acquisition[J]. Studies in second language acquisition, 2000, 22 (4): 499-533.

[21] DELL G S, CHANG F. The P-Chain: relating sentence production and its disorders to comprehension and acquisition[J]. Philosophical transactions of the royal society B: biological sciences, 2013, 369 (1634): 35-42.

[22] DICARLO J J, COX D D. Untangling invariant object recognition[J]. Trends in cognitive sciences, 2007, 11 (8): 333-341.

[23] ELMAN J L, MCCLELLAND J L. Cognitive penetrability of perception: attentional feedback from semantic system to visual system[J]. Science, 1988, 242 (4878): 742-746.

[24] ELMAN J L. Finding structure in time[J]. Cognitive science, 1990, 14 (2): 179-211.

[25] FERRARI G R F. Listening to the cicadas : a study of Plato's phaedrus[M]. Cambridge : Cambridge University Press, 2000.

[26] FERRARI G R F. City and soul in Plato's republic[M]. Chicago : University of Chicago Press, 2003.

[27] FILLMORE C J. The case for case. Universals in linguistic theory[M]. New York : Holt, Rinehart and Winston, 1968 : 1-88.

[28] FREELAND C. Aristotle on perception[M]. New York : Oxford University Press, 2002.

[29] FROMKIN V, RODMAN R, HYAMS N. An introduction to language[M]. Boston : Cengage Learning, 2013.

[30] FUSTER, J. M. Cortex and mind : unifying cognition[M]. New York : Oxford University Press, 2003.

[31] GANIS G, THOMPSON W L, KOSSLYN S M. Brain areas underlying visual mental imagery and visual perception : an fMRI study[J]. Cognitive brain research, 2004, 20（2）: 226-241.

[32] GASKELL M G, MARSLEN-WILSON W D. Integrating form and meaning : a distributed model of speech perception[J]. Language and cognitive processes, 1997, 12（5-6）: 613-656.

[33] GIBBS Jr R W. Embodiment and cognitive science[M]. New York : Cambridge University Press, 2006.

[34] GAZZANIGA M S, MANGUN G R. Cognitive neuroscience : the biology of the mind[M]. 4th ed. New York : W.W. Norton & Company, 2014.

[35] GAZZANIGA M S, IVRY R B, MANGUN G R. Cognitive neuroscience : the biology of the mind [M]. 5th ed. New York : W.W. Norton & Company, 2019.

[36] GENESEE F, NICOLADIS E. Bilingual first language acquisition[M]// E Hoff, M Shatz. Blackwell handbook of language development. Malden, MA : Wiley-Blackwell, 2006 : 324-342.

[37] GILL C. The structured self in Hellenistic and Roman thought[M]. New

York: Oxford University Press, 2006.

[38] GLENBERG A M, ROBERTSON D A. Indexical understanding of instructions[J]. Discourse processes, 1999, 28 (1): 1-26.

[39] GLENBERG A M, GALLESE V. Action-based language: a theory of language acquisition, comprehension, and production[J]. Cortex, 2012, 48 (7): 905-922.

[40] GRILL-SPECTOR K, MALACH R. The human visual cortex[J]. Annual review of neuroscience, 2004, 27 (1): 649-677.

[41] HADOT P. Philosophy as a way of life: spiritual exercises from Socrates to Foucault[M]. Malden, MA: Wiley-Blackwell, 1995.

[42] HAXBY J V, GOBBINI M I, FUREY M L, et al. Distributed and overlapping representations of faces and objects in ventral temporal cortex[J]. Science, 2001, 293 (5539): 2425-2430.

[43] HOLMES V M, GLENBERG A M. Embodied language learning and cognitive bootstrapping: methods and design principles[J]. Frontiers in psychology, 2014, 5: 718.

[44] ISHAI A. Let's face it: it's a question of control[J]. NeuroImage, 2008, 40 (2): 676-679.

[45] JACKENDOFF R. Semantic interpretation in generative grammar[M]. Cambridge, MA: MIT Press, 1972.

[46] JOHNSON J S, NEWPORT E L. Critical period effects in second language learning: the influence of maturational state on the acquisition of English as a second language[J]. Cognitive psychology, 1989, 21 (1): 60-99.

[47] KANDEL E R, SCHWARTZ J H, JESSELL T M, et al. Principles of neural science[M].5th ed. New York: McGraw-Hill Education, 2013.

[48]KATZ J J, FODOR J A. The structure of a semantic theory[J]. Language, 1963, 39 (2): 170-210.

[49] KLEINSCHMIDT D F, JAEGER T F. Robust speech perception: recognize the familiar, generalize to the similar, and adapt to the novel[J].

Psychological review, 2015, 122（2）: 148-203.

[50] KOSSLYN S M. Image and brain : the resolution of the imagery debate[M]. Cambridge, MA : MIT Press, 1994.

[51] KOSSLYN S M, THOMPSON W L, GANIS G. The case for mental imagery[M]. New York : Oxford University Press, 2006.

[52] KOURTZI Z, KANWISHER N. Representation of perceived object shape by the human lateral occipital complex[J]. Science, 2001, 293（5534）: 1506-1509.

[53] KRASHEN S D. Second language acquisition and second language learning[M]. Oxford : Pergamon Press, 1981.

[54] KUHL P K. Early language acquisition : cracking the speech code[J]. Nature reviews neuroscience, 2004, 5（11）: 831-843.

[55] LABOV W. The social stratification of English in New York City[M]. Cambridge : Cambridge University Press, 2006.

[56] LAKOFF G. On generative semantics. Semantics : an interdisciplinary reader in philosophy, linguistics, and psychology [M]. Cambridge : Cambridge University Press, 1971 : 232-296.

[57] LAKOFF G, JOHNSON M. Philosophy in the flesh : the embodied mind and its challenge to western thought[M]. New York : Basic Books, 1999.

[58] LEVELT W J. Speaking : from intention to articulation[M]. Cambridge, MA : MIT Press, 1989.

[59] LLOYD A C. Aristotelian explorations[M]. Cambridge : Cambridge University Press, 1993.

[60] MAVILIDI M F, OKELY A D, CHANDLER P, et al. Effects of integrated physical exercises and gestures on preschool children's foreign language vocabulary learning[J]. Educational psychology review, 2018, 30（3）: 775-795.

[61] MCCAULEY J D. The role of semantics in a grammar[J]. Foundations of language, 1968, 4（3）: 325-340.

[62] MCCLELLAND J L, ELMAN J L. The trace model of speech perception[J]. Cognitive psychology, 1986, 18 (1): 1-86.

[63] MCCLELLAND J L, MIRMAN D, HOLT L L. Are there interactive processes in speech perception?[J]. Trends in cognitive sciences, 2006, 10 (8): 363-369.

[64] MCCLELLAND J L, JENKINS W L. Parallel distributed processing at 25: further explorations in the microstructure of cognition[J]. Cognitive science, 2010, 34 (5): 835-837.

[65] MCWHORTER J H. The power of Babel: a natural history of language[M]. New York: Harper Perennial, 2018.

[66] METEYARD L, CUADRADO S R, BAHRAMI B, VIGLIOCCO G. Coming of age: a review of embodiment and the neuroscience of semantics[J]. Cortex, 2012, 48 (7): 788-804.

[67] MILLER E K, COHEN J D. An integrative theory of prefrontal cortex function[J]. Annual review of neuroscience, 2001, 24 (1): 167-202.

[68] MILLER G A, JOHNSON-LAIRD P N. Language and perception[M]. New York: Harvard University Press, 1976.

[69] MODRAK D K. Aristotle: the power of perception[M]. Chicago: University of Chicago Press, 1987.

[70] NEWPORT E L. Maturational constraints on language learning[J]. Cognitive science, 1990, 14 (1): 11-28.

[71] NORRIS D, MCQUEEN J M. Shortlist B: a bayesian model of continuous speech recognition[J]. Psychological review, 2008, 115 (2): 357-395.

[72] NUSSBAUM M C. The fragility of goodness: luck and ethics in Greek tragedy and philosophy[M]. 2nd ed. Cambridge: Cambridge University Press, 2001.

[73] JOHN M COOPER. Plato: complete works[M]. Indianapolis: Hackett Publishing, 1997.

[74] PEARSON J, KOSSLYN S M. The heterogeneity of mental representation:

ending the imagery debate[J]. Proceedings of the national academy of sciences, 2015, 112 (33): 10089-10092.

[75] PECHER D, ZEELENBERG R, BARSALOU L W. Verifying different-modality properties for concepts produces switching costs[J]. Psychological science, 2003, 14 (2): 119-124.

[76] PINKER S. The language instinct: how the mind creates language[M]. Indianapolis: Harper Perennial, 1994.

[77] POSNER M I, RAICHLE M E. Images of mind[M]. New York: Scientific American Library, 1994.

[78] PULVERMÜLLER F. Brain mechanisms linking language and action[J]. Nature reviews neuroscience, 2005, 6 (7): 576-582.

[79] PYLYSHYN Z W. Return of the mental image: are there really pictures in the brain?[J]. Trends in cognitive sciences, 2003, 7 (3): 113-118.

[80] RIESENHUBER M, POGGIO T. Hierarchical models of object recognition in cortex[J]. Nature neuroscience, 1999, 2 (11): 1019-1025.

[81] ROSS J R. Constraints on variables in syntax[D]. Cambridge: Massachusetts Institute of Technology, 1967.

[82] SAFFRAN J R, ASLIN R N, NEWPORT E L. Statistical learning by 8-month-old infants[J]. Science, 1996, 274 (5294): 1926-1928.

[83] SANTAS G. The Blackwell guide to Plato's republic[M]. Malden, MA: Wiley-Blackwell, 2012.

[84] SAPIR E. Language: an introduction to the study of speech[M]. New York: Harcourt, Brace, and Company, 1921.

[85] SERENCES J T, KASTNER S. The cognitive neuroscience of attention[M]. New York: Guilford Press, 2019.

[86] SLOTNICK S D, THOMPSON W L, KOSSLYN S M. Visual mental imagery induces retinotopically organized activation of early visual areas[J]. Cerebral cortex, 2005, 15 (10): 1570-1583.

[87] SMITH R. Aristotle's theory of perception[M]. New York: Oxford

University Press, 2008.

[88] SORABJI R. Aristotle on memory[M]. 2nd ed. London: Duckworth, 2004.

[89] SPELKE E S. Core knowledge[J]. American psychologist, 2000, 55 (11): 1233-1243.

[90] SQUIRE L R, KANDEL E R. Memory: from mind to molecules[M]. New York: Scientific American Library, 1999.

[91] SUTTON C, KELLY S. Imagery and second language learning: towards pedagogical principles[J]. The modern language journal, 2015, 99 (2): 327-343.

[92] TELLIER M. The influence of gestures and mimetic representations on the learning of French as a second language[J]. Gesture, 2008, 8 (2): 149-173.

[93] TOMASELLO M. Constructing a language: a usage-based theory of language acquisition[M]. New York: Harvard University Press, 2003.

[94] TRASK R L. Language: the basics[M]. New York: Routledge, 1999.

[95] WARD J. The student's guide to cognitive neuroscience[M]. 3rd ed. Hove: Psychology Press, 2015.

[96] WERKER J F, TEES R C. Speech perception as a window for understanding plasticity and commitment in language systems of the brain[J]. Developmental psychobiology, 2005, 46 (3): 233-251.

[97] WILLEMS R M, HAGOORT P. Neural evidence for the interplay between language, gesture, and action: a review[J]. Brain and language, 2007, 101 (3): 278-289.

[98] WU Y C, COULSON S. Meaningful gestures: electrophysiological indices of iconic gesture comprehension[J]. Psychophysiology, 2007, 44 (5): 645-654.

[99] YNGVE V H. A model and hypothesis for language structure[J]. Proceedings of the american philosophical society, 1960, 104 (5): 444-466.

[100] YNGVE V H. On the role of consciousness in language production and

comprehension[J]. International journal of american linguistics, 1961, 27 (2): 95-115.

[101] YNGVE V H. A model and hypothesis for language structure, I : syntax and phonology[J]. Linguistics : an international review, 1963 (9): 29-51.

[102] YNGVE V H. A model and hypothesis for language structure, II : semantics and intonation[J]. Linguistics: an international review, 1964(13): 3-23.

[103] YNGVE V H. On getting a word in edgewise[C]//Proceedings of the 6th regional meeting of the chicago linguistic society. Chicago : Chicago Linguistic Society, 1970: 567-577.

[104] YNGVE V H. Some paradigmatic proto-structures in natural language. In theoretical syntax and its applications [M]. Amsterdam : John Benjamins Publishing, 1976: 179-204.

[105] YNGVE V H. The concept of sentence and its use in describing word order differences. In word order and word order change [M]. London : Academic Press, 1980: 111-134.

[106] YNGVE V H. The explanation of linguistic universals[J]. Journal of linguistics, 1987, 23 (2): 381-407.

[107] YNGVE V H. Language structure and language use : essays by Victor H Yngve[M]. Stanford : CSLI Publications, 1996.

[108] YNGVE V H. Hard science linguistics. In the handbook of contemporary semantic theory [M]. Malden, MA : Wiley-Blackwell, 1999: 439-468.

[109] ZHANG L, SCHUNN C D. The effects of gestures on the mental representations of Chinese characters[J]. Language and cognitive processes, 2009, 24 (3): 354-380.

[110] ZEMAN A, DELLA SALA S, TORRENS L A, et al. Loss of Imagery consciousness with intact perception and memory : evidence from multiple neuropsychological cases[J]. Cortex, 2010, 46 (5): 658-674.

[111] ZWAAN R A. The immersed experiencer : toward an embodied theory of language comprehension[J]. Psychology of learning and motivation, 2004, 44 : 35-62.

[112] ZWAAN R A, MADDEN C J. Embodied sentence comprehension. In the Oxford handbook of psycholinguistics [M]. New York : Oxford University Press, 2005.

附　　录

附录 A

A Complete Version of the Three Dialogues

Wam:	Tsost. Wap so nas?	Wam:	Hi. How are you? (Wam arrives and sits in the seat in front of Osha.)
Osha:	Tsost. Gédzo. A ku?	Osha:	Hi. OK. (And) you? (Osha looks up and sees Wam.)
Kar:	Tsost.	Kar:	Hi. (Kar smiles at Osha and sits down.)
Osha:	Tsost.	Osha:	Hi.
Wam:	Gédzo. Ey, shéswa ontwóza.	Wam:	OK... hey, class is starting. (Wam hears the professor beginning to talk.)

Wam:	Ey, tlotlásan, twĕle ku na?	Wam:	(Oh,) excuse me, do you have a pen? (Wam turns and whispers to Osha.)
Osha:	Shussa! Mwo. Mwo nan. Eyêzop wost gédzo?	Osha:	Hush! No. I don't have (one). Is a pencil OK? (Osha looks through his bag and holds out a pencil.)
Wam:	Kap.	Wam:	Sure. (Wam reaches out to take the pencil.)
Osha:	Tlésan.	Osha:	Here you go.
Wam:	Gzampêwan.	Wam:	Thanks. (Wam takes the pencil.)

Wam:	Eke kus eyêzop. Gzampêwan.	Wam:	Here's your pencil. Thanks. (Wam gives the pencil back to Osha.)
Osha:	Dálgzo tlésan.	Osha:	You're welcome. (Osha smiles.)
Wam:	Tlotlásan. Nísan ugzoks.	Wam:	Sorry. I have to go. (Wam glances at his watch and looks surprised.
Osha:	Ta.	Osha:	See you. (Osha gets up, waves goodbye.)
Wam:	Eshkákmwo.	Wam:	Later. (Wam smiles and waves.)
Kar:	Ta.	Kar:	Bye. (Kar looks up and sees Osha leaving.)

附录 B

A Complete Version of the Study Sheets

Study Sheet (Mental Imagery Group)

As you study, use the dialog below to try to imagine *seeing* and *hearing* the dialogs.

Notes: the accent mark shows stress; "ē" is pronounced "ee" as in m*ee*t; "a" is always "ah", never like the sound in "cat".

Wam:	Tsost. Wap so na?	Wam:	Hi. How are you?	(Wam arrives and sits in the seat in front of Osha.)
Osha:	Tsost. Gédzo. A ku?	Osha:	Hi. OK. (And) you?	(Osha looks up and sees Wam.)
Kar:	Tsost.	Kar:	Hi.	(Kar smiles at Osha and sits down.)
Osha:	Tsost.	Osha:	Hi.	
Wam:	Gédzo. Ey, shéswa ontwóza.	Wam:	OK... hey, class is starting.	(Wam hears the professor beginning to talk.)
Wam:	Ey, tlotlásan, twǽde ku na?	Wam:	(Oh,) excuse me, do you have a pen?	(Wam turns and whispers to Osha.)
Osha:	Shussa! Mwo. Mwo nan. Eyézop wost gédzo?	Osha:	Hush! No. I don't have (one). Is a pencil OK?	(Osha looks through his bag and holds out a pencil.)
Wam:	Kap.	Wam:	Sure.	(Wam reaches out to take the pencil.)
Osha:	Tlésan.	Osha:	Here you go.	
Wam:	Gzampewan.	Wam:	Thanks.	(Wam takes the pencil.)
Wam:	Éke kus eyézop. Gzampewan.	Wam:	Here's your pencil. Thanks.	(Wam gives the pencil back to Osha.)
Osha:	Dálgzo tlésan.	Osha:	You're welcome.	(Osha smiles.)
Wam:	Tlotlásan. Nisan ugzoks.	Wam:	(I'm) sorry. I have to go.	(Wam glances at his watch and looks surprised.)
Osha:	Ta.	Osha:	See you.	(Osha gets up, waves goodbye.)
Wam:	Eshkákmwo.	Wam:	Later.	(Wam smiles and waves.)
Kar:	Ta.	Kar:	Bye.	(Kar looks up and sees Osha leaving.)

173

Vocabulary List

a	and
dálgzo	very, a lot
éke	here's / here you have
eshkákmwo	later
ey	hey / oh
eyézop	pencil
gédzo	good, OK
gzampéwan	thanks (literally, 'I thank [you]')
kap	yes / sure
ku	you
kus	your
mwo	not / not
nats	to have (nan = 'I have' / na = 'you have')
nisats	must (nisan = 'I must / have to')
ontwóza	starts / is starting (ontwózats = to start)
shéswa	class
ta	bye / see you
tlésan	please / here you are/go (literally, 'I beg [you]')
tlotlásan	excuse me / sorry (literally, 'I regret')
tsost	hello / hi
twéle	pen
ugzoks	to go
wost	is

Expressions

Dálgzo tlésan.	You're welcome. (literally, 'I beg very [much]')
Shussa!	Hush! / Be quiet!
Wap so na?	How are you? (literally, 'how-self-have' — an idiom)

Study Sheet (No-Mental Imagery Group)

Notes: the accent mark shows stress; "ē" is pronounced "ee" as in *meet*; "a" is always "ah", never like the sound in "cat".

Wam:	Tsost. Wap so na?		Wam:	Hi. How are you?
Osha:	Tsost. Gédzo. A ku?		Osha:	Hi. OK. (And) you?
Kar:	Tsost.		Kar:	Hi.
Osha:	Tsost.		Osha:	Hi.
Wam:	Gédzo. Ey, shéswa ontwóza.		Wam:	OK... hey, class is starting.
Wam:	Ey, tlotlásan, twḗle ku na?		Wam:	(Oh,) excuse me, do you have a pen?
Osha:	Shussa! Mwo. Mwo nan. Eyḗzop wost gédzo?		Osha:	Hush! No. I don't have (one). Is a pencil OK?
Wam:	Kap.		Wam:	Sure.
Osha:	Tlésan.		Osha:	Here you go.
Wam:	Gzampḗwan.		Wam:	Thanks.
Wam:	Éke kus eyḗzop. Gzampḗwan.		Wam:	Here's your pencil. Thanks.
Osha:	Dálgzo tlésan.		Osha:	You're welcome.
Wam:	Tlotlásan. Nisan ugzoks.		Wam:	(I'm) sorry. I have to go.
Osha:	Ta.		Osha:	See you.
Wam:	Eshkákmwo.		Wam:	Later.
Kar:	Ta.		Kar:	Bye.

Vocabulary List

a	and
dálgzo	very, a lot
éke	here's / here you have
eshkákmwo	later
ey	hey / oh
eyézop	pencil
gédzo	good, OK
gzampéwan	thanks (literally, 'I thank [you]')
kap	yes / sure
ku	you
kus	your
mwo	not / not
nats	to have (nan = 'I have' / na = 'you have')
nisats	must (nisan = 'I must / have to')
ontwóza	starts / is starting (ontwózats = to start)
shéswa	class
ta	bye / see you
tlésan	please / here you are/go (literally, 'I beg [you]')
tlotlásan	excuse me / sorry (literally, 'I regret')
tsost	hello / hi
twée	pen
ugzoks	to go
wost	is

Expressions

Dálgzo tlésan.	You're welcome. (literally, 'I beg very [much]')
Shussa!	Hush! / Be quiet!
Wap so na?	How are you? (literally, 'how-self-have' — an idiom)

附录 C

A Complete Version of the Comprehension Test

Comprehension Test (10 items). Select the correct response by circling the appropriate letter.

1. Tsost.
    a. A ku tsost.
    b. Kap, ku na?
    c. Tsost. Wap so na?
    d. Eshkákmwo.

2. Wap so na?
    a. Gédzo. A kus?
    b. Ta. A na?
    c. Gédzo. A ku?
    d. Ta. Nísan shéswan.

3. Twéle ku na?
    a. Kap. Tlésan.
    b. Dálgzo tlésan twéle.
    c. Gzampéwan.
    d. Dálgzo tlésa. Mwo na.

4. Eke eyézop.
    a. Gzampéwa ku.
    b. Kap, tlotlása tsost.
    c. Nísan ugzoks.
    d. Dálgzo gzampéwan.

5. Nísan ugzoks. Ta.
    a. Dálgzo tlotlásan.
    b. Kapan mwo.
    c. Ta a ku.
    d. Eshkákmwo.

6. Shussa! Shéswa ontwóza.
    a. Wap so ontwóza?
    b. Ey, tlotlása dálgzo.
    c. Dálgzo tlotlásan.
    d. Gédzo mwo twélan.

7. Eyézop ku na?
    a. Wost twéle gédzo na?
    b. Kap. Éke eyézop.
    c. Tlotlása ku dálgzo.
    d. Wap so nan?

8. Nísan ugzoks.
    a. Eshkákmwan.
    b. Kap, eyézop na?
    c. Ta. Eshkákmwo.
    d. Shéswa mwo ontwóza.

9. Tlotlásan.
    a. Gzampéwan.
    b. Ku gédzo wost.
    c. Tlésan dálgzo.
    d. Ey, wost gédzo.

10. Gédzo. A ku?
    a. Dálgzo eshkákmwo.
    b. Dálgzo gédzo.
    c. Tlésan kap na.
    d. Nan gédzo.

附录 C

A Complete Version of the Comprehension Test

Comprehension Test (10 items). Select the correct response by circling the appropriate letter.

1. Tsost.
   a. A ku tsost.
   b. Kap, ku na?
   c. Tsost. Wap so na?
   d. Eshkákmwo.

2. Wap so na?
   a. Gédzo. A kus?
   b. Ta. A na?
   c. Gédzo. A ku?
   d. Ta. Nísan shéswan.

3. Twéle ku na?
   a. Kap. Tlésan.
   b. Dálgzo tlésan twéle.
   c. Gzampéwan.
   d. Dálgzo tlésa. Mwo na.

4. Eke eyézop.
   a. Gzampéwa ku.
   b. Kap, tlotlása tsost.
   c. Nísan ugzoks.
   d. Dálgzo gzampéwan.

5. Nísan ugzoks. Ta.
   a. Dálgzo tlotlásan.
   b. Kapan mwo.
   c. Ta a ku.
   d. Eshkákmwo.

6. Shussa! Shéswa ontwóza.
   a. Wap so ontwóza?
   b. Ey, tlotlása dálgzo.
   c. Dálgzo tlotlásan.
   d. Gédzo mwo twélan.

7. Eyézop ku na?
   a. Wost twéle gédzo na?
   b. Kap. Éke eyézop.
   c. Tlotlása ku dálgzo.
   d. Wap so nan?

8. Nísan ugzoks.
   a. Eshkákmwan.
   b. Kap, eyézop na?
   c. Ta. Eshkákmwo.
   d. Shéswa mwo ontwóza.

9. Tlotlásan.
   a. Gzampéwan.
   b. Ku gédzo wost.
   c. Tlésan dálgzo.
   d. Ey, wost gédzo.

10. Gédzo. A ku?
    a. Dálgzo eshkákmwo.
    b. Dálgzo gédzo.
    c. Tlésan kap na.
    d. Nan gédzo.

附录 C

A Complete Version of the Comprehension Test

Comprehension Test (10 items). Select the correct response by circling the appropriate letter.

1. Tsost.
   a. A ku tsost.
   b. Kap, ku na?
   c. Tsost. Wap so na?
   d. Eshkákmwo.

2. Wap so na?
   a. Gédzo. A kus?
   b. Ta. A na?
   c. Gédzo. A ku?
   d. Ta. Nísan shéswan.

3. Twéle ku na?
   a. Kap. Tlésan.
   b. Dálgzo tlésan twéle.
   c. Gzampéwan.
   d. Dálgzo tlésa. Mwo na.

4. Eke eyézop.
   a. Gzampéwa ku.
   b. Kap, tlotlása tsost.
   c. Nísan ugzoks.
   d. Dálgzo gzampéwan.

5. Nísan ugzoks. Ta.
   a. Dálgzo tlotlásan.
   b. Kapan mwo.
   c. Ta a ku.
   d. Eshkákmwo.

6. Shussa! Shéswa ontwóza.
   a. Wap so ontwóza?
   b. Ey, tlotlása dálgzo.
   c. Dálgzo tlotlásan.
   d. Gédzo mwo twélan.

7. Eyézop ku na?
   a. Wost twéle gédzo na?
   b. Kap. Éke eyézop.
   c. Tlotlása ku dálgzo.
   d. Wap so nan?

8. Nísan ugzoks.
   a. Eshkákmwan.
   b. Kap, eyézop na?
   c. Ta. Eshkákmwo.
   d. Shéswa mwo ontwóza.

9. Tlotlásan.
   a. Gzampéwan.
   b. Ku gédzo wost.
   c. Tlésan dálgzo.
   d. Ey, wost gédzo.

10. Gédzo. A ku?
    a. Dálgzo eshkákmwo.
    b. Dálgzo gédzo.
    c. Tlésan kap na.
    d. Nan gédzo.